# 大学

（战国）曾参◎著

墨人◎主编

《大学》即大人之学，讲的是修身，齐家、治国、平天下的大道理。它在我国思想史上占有重要地位，特别自宋朝被列入"四书"以后，其影响更为巨大。《大学》一文不长，仅有两千余字，然而一篇文章的生命力，往往不在于其字数的多少，甚至也不在于其思想的高深与否，而在于它是否适应了当时社会的需要，是否为后人留下阐释、发挥的空间，《大学》无疑做到了这一点，它能在历史上产生广泛影响，也正源于此。

吉林出版集团股份有限公司

**图书在版编目(CIP)数据**

大学 / （战国）曾参著；墨人主编. -- 长春:吉林出版集团股份有限公司，2011.11
（读好书系列）
ISBN 978-7-5463-6929-7

Ⅰ. ①大… Ⅱ. ①曾… ②墨… Ⅲ. ①儒家 ②大学—青年读物 ③大学—少年读物 Ⅳ. ①B222.1-49

中国版本图书馆 CIP 数据核字(2011)第 219585号

**大 学**
**DAXUE**

主　　编 墨　人
出 版 人 吴　强
责任编辑 尤　蕾
助理编辑 杨　帆
开　　本 710mm×1000mm　1/16
字　　数 100 千字
印　　张 10
版　　次 2011 年 11 月第 1 版
印　　次 2022 年 9 月第 3 次印刷

出　　版 吉林出版集团股份有限公司
发　　行 吉林音像出版社有限责任公司
地　　址 长春市南关区福祉大路5788号
电　　话 0431-81629667
印　　刷 河北炳烁印刷有限公司

ISBN 978-7-5463-6929-7　　定价:34.50 元

# 前言

QIAN YAN

《大学》原为《礼记》第四十二篇，在唐朝以前，并没有引起人们的重视。唐朝时，韩愈等引用《大学》，自此《大学》的地位被提高了。北宋时，《大学》得到程颢、程颐的鼎力推崇，他们把《大学》从《礼记》中抽出，编次章句。南宋时，朱熹做了《大学章句》的编辑，最终使《大学》与《中庸》、《论语》、《孟子》并称为"四书"，从此《大学》成为独立的儒家经典。宋、元以后，《大学》成为学校官定的教科书和科举考试的必读书。它对古代道德人文教育理论产生了极为深刻的影响。

关于《大学》的出处，程颢、程颐认为是"孔氏之遗言也"。朱熹把《大学》重新编排整理，分为"经"一章，"传"十章。认为，"经一章盖孔子之言，而曾子述之；其传十章，则曾子之意而门人记之也"。就是说，"经"是孔子的话，曾子记录下来；"传"是曾子解释"经"的话，由曾子的学生记录下来。

《大学》即大人之学，讲的是修身、齐家、治国、平天下的大道理。它在我国思想史上占有重要地位，特别自宋朝被列入"四书"以后，其影响更为巨大。《大学》一文不长，仅有两千余字，然而一篇文章的生命力，往往不在于其字数的多少，也不在于其思想的高深，而在于它是否适应当时社会的需要，是否为后人留下阐释、发挥的空间，《大学》无疑做到了这一点，它在历史上产生广泛的影响，也正源于此。

《大学》的版本主要有两个体系：一是经朱熹编排整理，划分为经、传的《大学章句》本；一是按原有次序排列的古本，即《礼记》中的《大学》原文。以朱熹的《大学章句》本流传最广、影响最大。本书采用的是《大学章句》本，并且我们在原文的基础上，附加了注释、译文和小故事，希望借此帮助现在的孩子更好地理解和学习这部传世经典。

编　者

# 目录

MU LU

# 第一章

## 【原　文】

大学之道[1]，在明明德[2]，在亲民[3]，在止于至善。知止而后有定[4]，定而后能静，静而后能安，安而后能虑，虑而后能得[5]。物有本末，事有终始。知所先后，则近道矣。

## 【注　释】

①大学之道：大学的宗旨。“大学”一词在古代是相对于“小学”而言的“大人之学”。古人八岁入小学，学习“洒扫应对进退、礼乐射御书数”等文化基础知识和礼节；十五岁入大学，学习伦理、政治、哲学等“穷理正心，修己治人”的学问。“道”的本义是道路，引申为规律、原则等，在中国古代哲学、政治学里，也指宇宙万物的本原，一定的政治观或思想体系等，在不同的上下文环境里有不同的意思。

②明明德：前一个“明”作动词，有使动的意味，即“使彰明”，也就是发扬、弘扬的意思。后一个“明”作形容词，明德也就是光明正大的品德。

③亲民：亲，即革新、弃旧图新。亲民，也就是新民，使人弃旧图新、去恶从善。

④知止：知道目标所在。

⑤得：收获。

## 【译　文】

大学的宗旨在于弘扬光明正大的品德，在于使人弃旧图新，在于使人达到最完善的境界。人知道应达到的境界才能够志向坚定，志向坚定才能够镇静不躁，镇静不躁才能够心安理得，心安理得才能够思虑周祥，思虑周详才能够有所收获。每样东西都有根本有枝末，每件事情都有开始有终结。明白了这本末始终的道理，就接近事物发展的规律了。

【小故事】

## 五十步笑百步

梁惠王说："我治理国家，真是够尽心的了。河内发生灾荒，我就把那里的一部分百姓迁移到河东去，把粮食运到河内去赈济。河东发生灾荒，我也这么办。考察邻国的政务，没有哪个国君能像我这样为百姓操心的了。但是邻国的人口并不减少，我们魏国的人口也并不增多，这是什么缘故呢？"

孟子回答道："大王喜欢打仗，请让我拿打仗做比喻。打仗时咚咚地擂起战鼓，刀刃剑锋相碰，有些士兵丢盔弃甲，拖着兵器逃跑了。有的逃了一百步停下来，有的逃了五十步也停下来。如果他们凭着自己只逃了五十步就嘲笑那些逃了一百步的人，那怎么样？"惠王说："不可以，只不过后面的士兵没有逃到一百步罢了，但这同样是逃跑呀！"孟子说："大王如果懂得这一点，就不要指望魏国的百姓会比邻国多了。如果兵役、徭役不耽误百姓的农时，魏国的粮食就会多到吃不完；细密的鱼网不放入大塘捕捞，鱼鳖就会吃不完；按一定的时令采伐山林，木材就会用不完。粮食和鱼鳖吃不完，木材用不完，这就能使百姓

没有遗憾地养家糊口、办理丧事了。百姓生养死丧那没有什么遗憾，就是王道的开始。

分给百姓五亩田的宅地，房前屋后多种桑树，那么，五十岁的人就能穿上丝棉袄了。鸡、猪和狗一类家畜不耽误它们的繁殖时机，七十岁的人就能吃上肉了。每户人家有一百亩的田地，官府不要占耽误田人的农时，几口人的家庭就可以不饿肚子了。搞好学校教育，不断向年轻人灌输孝顺父母、敬爱兄长的道理，头发花白的老人就不必肩扛或头顶着东西赶路了。让七十岁的人穿上丝棉袄、吃上肉，百姓不挨冻受饿，做到这样却不能统一天下而称王的，是绝不会有的。现在，富贵人家的猪、狗吃着人吃的粮食，主人却不知道制止；道路上有饿死的尸体，官员却不知道开仓赈济；人饿死了，却说‘这不是我的责任，是收成不好’，这跟把人刺死了，却说‘不是我杀的人，是兵器杀的’，又有什么两样呢？所以大王请您不要怪罪于收成不好，只要推行仁政，天下的百姓就都会投奔到您这儿来了。”

## 【原　文】

古之欲明明德于天下者，先治其国。欲治其国者，先齐其家①。欲齐其家者，先修其身②。欲修其身者，先正其心。欲正其心者，先诚其意。欲诚其意者，先致其知③。致知在格物④。物格而后知至，知至而后意诚，意诚而后心正，心正而后身修，身修而后家齐，家齐而后国治，国治而后天下平。

## 【注　释】

①齐其家：管理好自己的家庭或家族，使家庭或家族和和美美、蒸蒸日上、兴旺发达。

②修其身：修养自身的品性。

③致其知：使自己获得知识。

④格物：认识、研究万事万物。

## 【译　文】

古代那些想在天下弘扬光明正大品德的人，先要治理好自己的国家；要想治理好自己的国家，先要管理好自己的家庭和家族；要想管理好自己的家庭和家族，先要修养自身的品性；要想修养自身的品性，先要端正自己的心思；要想端正自己的心思，先要使自己的意念真诚；要想使自己的意念真诚，先要使自己获得知识；获得知识的途径在于认识、研究万事万物。

【小故事】

# 卧薪尝胆

公元前 496 年，吴王阖闾（hé lǘ）兴师伐越。勾践统兵抗击来攻的吴军于槜（zuì）李（今浙江省嘉兴县南），以军中罪人成列自刎惊乱吴军而侥幸得胜，一举打败吴军，射伤吴王，使吴王阖闾受伤而死，吴、越矛盾进一步激化。

吴王阖闾临终前告诫儿子夫差："必毋忘越。"夫差接位后，遵照遗训，日夜勤兵，矢志报仇。公元前 494 年，勾践发兵攻吴。吴王夫差亲率精兵击越，两军大战于夫椒（今太湖洞庭山）。勾践终因力不能敌，惨败于夫椒，率残兵五千，退守会稽山（今浙江省绍兴市东南）。夫差追而围之。勾践非常后悔，对范蠡(lí)说："以不听子故至于此，为之奈何？"危急之际，勾践采纳范蠡委曲求全、以退为进的计策，派文种带厚礼向吴求和。使夫差同意赦越，罢兵而归。夫差不听伍子胥要他坚决灭掉越国的忠告，答应了勾践的请求，但要勾践夫妇到吴国为他服役。勾践将国内事情托付给文种等大臣，带着夫人和范蠡去吴国服役。大臣们见国君为保国复仇甘受屈辱，哭着向他保证一定会

治理好越国，百姓也都哭着为他送行。

公元前492年五月，勾践率妻子和大臣范蠡亲去吴国臣事夫差，抵达吴都。夫差有意羞辱他，要他住在阖闾坟前的一个小石屋里守坟喂马，有时骑马出门还故意要他牵马在国人面前走过。勾践忍辱负重，自称贱臣，对吴王执礼极恭，吃粗粮、睡马房、服苦役，小心伺候夫差，百依百顺，养马、除粪、洒扫。三年不愠怒，无恨色，甚至胜过夫差手下的仆役。夫差生病，勾践前去问候，还亲口尝夫差的大便，体贴夫差的病情。“问疾尝粪”，博得吴王夫差的欢心。三年后，由于勾践的尽心服侍，再加伯嚭不时

读好书系列

因接受文种派人所送之礼而在夫差面前为勾践说好话，夫差认为勾践已真心臣服，决定放勾践夫妇和范蠡回国。

公元前490年，勾践归越，勾践归国后，为了激励自己不忘报仇雪耻，睡觉时不铺褥子而铺上柴草，还在房间里挂了一个苦胆，每顿饭前都要尝尝。这就是“卧薪尝胆”的典故。他和夫人始终过着清贫的生活，吃饭没有鱼肉，穿衣不加修饰。自己经常同百姓下田耕种，夫人也自己养蚕织布。为使国家富强，勾践采纳了范蠡、文种提出的“十年生聚，十年教训”之策。在国家迅速恢复生机的同时，勾践也采取许多办法麻痹(bì)吴国。公元前478年，勾践乘隙攻吴。三战三胜，大败吴军于笠泽（今江苏吴江一

带），从根本上改变了吴、越的力量对比。

公元前475年开始，勾践对吴都（今江苏苏州）实施长达三年的围困。吴王夫差被越军长期围困，力不能支，遂派王孙雒（luò）袒衣膝行向勾践求和。勾践于心不忍，正要应允，范蠡上前说："大王您忍辱受苦二十余年，是为了什么？现在要抛弃前功吗？"转头又回绝王孙雒说："过去是上天把越国赐予吴国，你们不接受；如今是上天以吴赐越，我们不敢违背天命而听从你们的请求。"王孙雒还要哀求，范蠡毅然鸣鼓进兵。吴王夫差见大势已去，求和不成，就自杀而亡，临死时说："吾无面以见子胥也！"勾践葬吴王而诛太宰伯嚭，终于在公元前473年一举灭吴而雪耻。

随后勾践又乘胜率兵北渡淮水，会中原齐、晋等诸侯于徐州（今江苏徐州），向周元王进贡献贡品。周元王命使臣赐勾践胙（zuò）（祭肉），封勾践为“侯伯”，晋伯位。自此，越军横行江淮一带，诸侯尽来朝贺，勾践的霸业完成。之后勾践迁都琅琊（láng yá），称霸中原，为春秋霸主之一。

【小故事】

# 害群之马

黄帝到具茨山去拜见大隗(kuí)，方明赶车，昌寓做陪乘，张若、謵(xí)朋在马前导引，昆阍(hūn)、滑稽(gǔ)在车后跟随；来到襄城的旷野，七位圣人都迷失了方向，而且没有什么地方可以问路。正巧遇上一位牧马的少年，便向牧马少年问路，说："你知道具茨山吗？"少年回答："是的。"又问："你知道大隗居住在什么地方吗？"少年回答："是的。"黄帝说："这位少年真是与众不同！不仅知道具茨山，还知道大隗居住的地方。请问怎样治理天下呢?”少年说:“治理天下,也就像牧马一样罢了,又何须多事呢!我小时候独自在尘世间游玩,碰巧生了头眼眩晕的病,有位长者教导我说:‘你还是趁着阳光之手去襄城的原野里游玩吧。’如今我的病已经有了好转,我又将到茫茫尘世间去游玩。至于治理天下恐怕也就像牧马一样罢了,我又何须去多事啊!”黄帝说:“治理天下,固然不是你要操心的事。尽管如此,我还是要向你请教怎样治理天下。”少年听了拒绝回答。

黄帝又问。少年说:“治理天下,跟牧马哪里有什么

不同呢！去除危害马群的马就行了！”黄帝听了叩头至地行了大礼，口称“天师”而退去。

【小故事】

## 曹操割发代首

曹操是位雄才大略的政治家，也是驰骋疆场的军事统帅，在严明军纪、赏罚分明、善于纳谏、屈己守法等方面，堪称楷模。

公元199年，曹操准备和袁绍在官渡（今河南省中牟

县东北）进行决战。战前，曹操精辟地分析了双方形势后，说道："我虽不及袁绍兵多地广，但我军号令严明，

故能以少击众。”想要夺取决战的胜利，就必须进一步整肃军纪，于是命令道：“全军将士，上至统帅，下至马夫，行军训练，不准践踏庄稼，不准打骂百姓，不准调戏女子，不准倒犯民利，违令者斩首。”从此，部队行军训练纪律严明，遇有麦场，骑兵下马，扶麦而行。百姓见状，交口称赞。

说来也巧，偏偏在曹操一次出巡时，他骑的战马在途中受惊，跃人麦田，践踏了一片麦苗。曹操忙从马上下来，请求掌管军法的主簿按军令将他斩首示众。

主簿觉得统帅骑马踩了麦苗，是因为马突然受惊而不是统帅故意践踏庄稼，因此不能以斩首论处，便对曹操说：“按照《春秋》大义，法不加尊。您身为全军统帅，虽犯军令，亦不能斩首。”曹操听后气愤地说：“什么《春秋》大义？我身为统帅，自己制定法令，自己违法却不受惩罚，那怎能统御部众？”

主簿又解释道：“统帅违令，不同于一般士兵，可以免刑。”曹操见主簿不敢以军法从事，便自拔佩剑，意欲当众自刎。众将惊慌不已，还是主簿手疾眼快，一把夺下曹操手中的宝剑。诸将见状纷纷跪下求道：“曹公，您身为全军之首，宏图未展，壮志未酬，怎能轻生？若将您斩首，全军将士何人统帅？当今天下何人统一？”

曹操听了众将劝慰，深深地叹了一口气，恳切地说：“我虽不能斩首，但一定要用刑。”说着，又夺回利剑，唰地一声将自己的头发割下一大把，掷在地上，以代斩首，接着又下令传谕三军：统帅战马践踏麦苗，本当斩首，因众将不允，遂割发代首，务望全军将士严守军法。

全军将士得知此事，十分佩服曹操严于律己的精神，从此自觉遵守纪律。不久，曹操率领这支严格训练，军纪严明的两万精兵，一举击败袁绍十万重兵，取得了官渡决战的胜利。

## 【原　文】

自天子以至于庶人[①]，壹是皆以修身为本[②]。其本乱而末治者[③]否矣。其所厚者薄[④]，而其所薄者厚[⑤]，未之有也[⑥]！

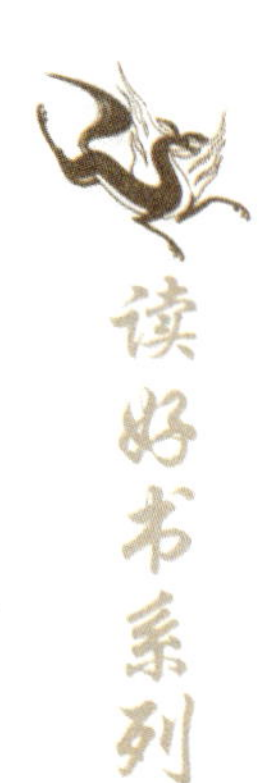

## 【注　释】

①庶人：指平民百姓。

②壹是：都是。本：根本。

③末：相对于本而言，指枝末、枝节。

④厚者薄：该重视的不重视。

⑤薄者厚：不该重视的却加以重视。

⑥未之有也：即未有之也。没有这样的道理（事情、做法等）。

## 【译　文】

对万事万物进门认识、研究后才能获得知识；获得知识后意念才能真诚；意念真诚后心思才能端正；心思端正后才能修养品性；品性修养好后才能管理好家庭和家族；管理好家庭和家族后才能治理好国家；治理好国家后天下才能太平。上至国家元首，下至平民百姓，人人都要以修养品性为根本。若这个根本被扰乱了，家庭、家族、国家、天下就不可能治理好了。不分轻重缓急，本末倒置却想做好事情，这也同样是不可能的！

【小故事】

## 武王伐纣

商朝最后一个王叫纣，他是中国历史上有名的暴君。他兴建华丽的琼楼瑶台，“以酒为池，以肉为林”，整日和他的爱妃妲己及贵族们在酒池宴饮。为了满足自己的欲望，纣王加重赋税，使社会矛盾越来越尖锐。百姓起来反抗，他就用重刑镇压。他创造了名叫“炮烙”的酷刑，把反对他的人绑在烧得通红的铜柱上活活烙死。他的叔父比干规劝他，他竟残忍地派人挖出了比干的心。纣王的残暴统治激起了人们的反抗，动荡不安的社会像烧开的水一样沸腾。

武王听说纣昏庸暴虐较之以前更加严重，于是率领战车三百辆，勇士三千人，披甲战士四万五千人，东进伐纣。周武王第十一年十二月戊午日，军队全部渡过盟津（今河南省孟津县东北），诸侯都来会合。武王说："要奋

发努力，不能懈怠！"他作了《太誓》，向全体官兵宣告："如今纣王竟听任妇人之言，以致自绝于天，毁坏天、地、人的正道，疏远他的亲族弟兄，又抛弃了他祖先传下的乐

曲，谱制淫荡之声，扰乱雅正的音乐，去讨女人的欢心。所以，现在我姬发要恭敬地执行上天的惩罚。各位努力吧，这样的事情不能再有第二次，不能再有第三次!”

次年二月甲子日的黎明，武王来到商郊牧野，举行誓师。誓师完毕，诸侯军队前来会合，共有战车四千辆，在牧野摆开了阵势。

纣听说武王攻来了，发兵七十万来抵抗武王。武王派师尚父率领百名勇士前去挑战，然后率领拥有战车三百五十辆、士卒两万六千二百五十人、勇士三千人的大部队冲进殷纣的军队。纣的军队人数虽多，却都没有打仗的心思，心里只盼着武王赶快攻进来。他们都掉转兵器攻击自己的军队，给武王做了先导。武王急驱战车冲进纣的军队，纣的士兵瞬间全部崩溃。殷纣败逃，返回城中登上鹿台，穿上他的宝玉衣，投火自焚而死。

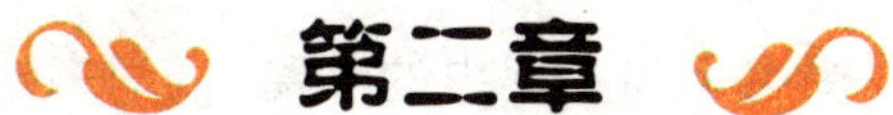

# 第二章

## 【原　文】

《康诰》曰[①]：“克明德[②]。”《大甲》曰[③]：“顾諟(shì)天之明命[④]。”《帝典》曰[⑤]：“克明峻德[⑥]。”皆自明也[⑦]。

## 【注 释】

①《康诰》:《尚书·周书》中的一篇。《尚书》是上古历史文献和追述古代事迹的一些文章的汇编，是“五经”之一，称为“书经”。全书分为《虞书》、《夏书》、《商书》、《周书》四部分。

②克：能够。

③《大甲》：即《太甲》,《尚书·商书》中的一篇。

④顾：思念。禔：此。明命：光明的禀性。

⑤帝典：即《尧典》,《尚书·虞书》中的一篇。

⑥克明峻德：《尧典》原句为“克明俊德”。俊：与“峻”相通，意为大、崇高等。

⑦皆：都，指前面所引的几句话。

## 【译 文】

《康诰》说：“能够弘扬光明的品德。”《太甲》说：“念念不忘这上天赋予的光明禀性。”《尧典》说：“能够弘扬崇高的品德。”这些都是说要自己弘扬光明正大的品德。

【小故事】

## 谦逊礼让

公元前679年，齐桓公召集诸侯在鄄(juàn)（今山东省鄄城县北）会盟，诸侯们共推齐桓公为霸主，齐国开始称霸中原。虽然中原各国逐渐承认了齐国的盟主地位，但居住在边远地区的某些少数民族部落却不理这一套。

有一天，齐桓公正与管仲议事，有人来报告说北方的一个叫做山戎的少数民族又侵犯了燕国，劫夺粮食、牲畜和财物，燕国派人前来求救。齐桓公征求管仲的意见，管仲说："山戎经常骚扰中原，是中原安定的忧患，一定要征服。"齐桓公听了管仲的话，亲率大军援救燕国。齐国大军到了燕国，才知山戎早就带着抢到的人口和财物跑了。管仲说："山戎虽然跑了，但以后还会来骚扰。我们不如一追到底，彻底打垮他们，实现北方的长治久安。"齐桓公听了管仲的意见，决定向北追击山戎。燕国的君主燕庄公对齐桓公说："附近有个无终国（今河北省玉田县），与我们素有往来，他们也和山戎有仇，可否请他们

给我们带路，一同攻打山戎?”齐桓公立刻派人带着礼物去无终国求助，无终国派了一支军队前来参战。

山戎的首领叫密卢，他听说齐、燕、无终三国联合讨伐，知道打不过，就带着一些亲信和金银财宝向北方逃跑了。来不及跑的山戎百姓和士兵都投降了。齐桓公为了使

山戎真正心服，传令不许伤害山戎降兵和百姓。齐桓公问他们：“你们的首领跑到哪里去了?”他们说：“一定是去孤竹国今河北卢龙县借兵去了。”齐桓公决定跟踪追击，捉拿密卢，征伐孤竹国，彻底消除北方动乱的隐患。

密卢逃到孤竹国，向国君答里呵求援。答里呵派大将黄花率兵跟密卢前去迎战齐军，不料，黄花一出阵就被齐

军打得大败。黄花逃回去对答里呵说："齐桓公率军前来，不过是要捉拿密卢，与我国毫无关系。我看不如杀了密卢，与齐桓公讲和，保全我们自己。"另一位大臣则献计说："北方有个地方叫'旱海'，又称'迷谷'，那里沙漠茫茫无边，路途难辨。如果能把齐军引入'迷谷'，不用一兵一卒，就能使齐桓公的人马全军覆没。"

黄花听从他们的意见，便去杀了密卢，割下了首级，到齐桓公军中，献上密卢首级，并称答里呵已经率军逃跑，自己愿归顺齐桓公，为齐军引路，追击答里呵。齐桓公见黄花献上密卢首级，便信以为真，率领大队人马跟着黄花向北追击。黄花在前面带路，齐桓公的人马随后紧跟。他们进了沙漠，拐了几个弯就找不到路了。茫茫无垠的黄沙，好似静静的大海，让人既分不清东西南北，也辨不出前后左右。齐桓公想找黄花来问一问究竟是怎么回事，但哪里还有他的影子？这才知道中了黄花的奸计。这时太阳已经下山，夜幕笼罩着大地，四周漆黑一片，西北风一个劲地刮，冻得士兵直发抖。好不容易等到天亮，才发现人马已零散不全。齐桓公命令下属赶快寻找出去的道路，但大队人马转来转去，怎么也走不出这个迷谷。这时，管仲猛然想起老马大多认识归途，便对齐桓公说："老马识途，无终国的马很多是从山戎弄来的，不如挑选几匹无终国的老马，让它们在前边走，兴许可以找到出去的路。”齐桓公虽然将信将疑，但又没有别的办法，就同意试一试。于是管仲挑了几匹老马，让它们在前边走，大队人马跟在后头，几匹老马不慌不忙地走着，果然走出了迷谷，回到了原来的路上。大家死里逃生，都佩服管仲足智多谋。

齐军走出迷谷，打败了孤竹国，答里呵和黄花也被乱兵杀死，孤竹国也就被灭了。胜利之后，齐桓公对燕庄公说：“山戎、孤竹一带的土地有500公里之多，全送给您吧。”燕庄公急忙说：“那可不敢当。因为有您的帮助，我们才保全了国土，现在已经是感激万分了，哪里还敢收您的土地呢？”齐桓公说：“您就不要客气了，北部边疆十分

重要，您把它治理好，勿使边民来犯，向天王纳贡，这是我们大家的光彩，再说齐国离这里这么远，鞭长莫及，也管不了啊！”这么一说，燕庄公也不再推辞了。

齐桓公班师回国之日，燕庄公亲自送行。一路上两人边聊边走，越谈越投机，不知不觉出了燕国边界50里。直到他们分手的时候，齐桓公才猛然想起周礼的规矩，就说：“古往今来，诸侯送诸侯不得送出边界，我们怎么能违反规矩呢？”说着就要把这50里土地割让给燕国。燕庄公已经得了500里土地，说什么也不肯再要齐国的50里地了，可齐桓公一心要别人承认他是霸主，说话做事既讲信用，又守规矩，所以非要燕庄公收下不可。就这样燕国又得到50里土地。

诸侯们见齐桓公千里迢迢亲自率军援救燕国，打了胜仗还不贪土地，没有一个不佩服他的。从那以后，齐桓公这个霸主的威信就更高了。

# 第三章

## 【原　文】

汤之《盘铭》曰[①]："苟日新[②]，日日新，又日新。"《康诰》曰："作新民[③]。"《诗》曰："周虽旧邦，其命惟新[④]。"是故君子无所不用其极[⑤]。

## 【注　释】

①汤：即成汤，商朝的开国君主。《盘铭》：刻在器皿上用来警诫自己的箴言。这里的器皿是指商汤的洗澡盆。

②苟：如果。新：这里的本义是指洗澡除去身体上的污垢，使身体焕然一新，引申义则是行精神上的弃旧图新。

③作：振作，激励。新民：即“经”里面说的“亲民”，实应为“新民”。意思是使新、民新，也就是使人弃旧图新，去恶从善。

④“《诗》曰”句：这里的《诗》指《诗经·大雅·文王》。周，周朝。旧邦，旧国。其命，指周朝所禀受的天命。惟：语助词，无意义。

⑤是故君子无所不用其极：所以品德高尚的人无处不追求完善。是故，所以。君子，有时候指贵族，有时指品德高尚的人，根据上下文不同的语言环境而有不同的意思。

## 【译　文】

商汤王刻在洗澡盆上的箴言说：“如果有一天能自我更新，就应保持天天自我更新，新了还要更新。”《康诰》说：“激励人弃旧图新。”《诗经》说：“周朝虽然是旧的国家，但却禀受了新的天命。”所以，品德高尚的人无处不追求完善。

【小故事】

## 成汤的仁慈

成汤，据说是帝喾(kù)后代契(qì)的子孙，为商部落首领。商族兴起在黄河下游，相当于现在的河南、山东一带。商部落的历史可以追溯到母系氏族公社时期。这个部落的始祖叫契。传说契的母亲简狄洗澡时发现了一个燕子下的蛋，吃了以后便怀孕生契。所以古代有“天命玄鸟，降而生

商”的传说。

夏朝末年，商族逐渐强大，汤眼见夏桀（jié）暴虐，失去民心，决心灭夏。桀担心汤势力壮大而威胁自己，便将汤召入夏都，囚禁在夏台。商族又送桀以重金，并贿赂桀的亲信，使汤获释归商。

汤的妻子有个陪嫁奴隶，名叫伊尹，汤差使他在厨房干活。伊尹很有才能，为了让汤发现自己，故意有时把菜做得很可口，有时却或咸或淡。有一次，汤就此事责问他，他就乘机向汤谈论了自己对治国理政的见解。汤大为惊奇，知道他是一个贤才，就免除他奴隶的身份，任为右相。自此，在伊尹的谋划下，汤积极准备灭夏。

成汤在夏朝为方伯（一方诸侯之长），有权征讨邻近的诸侯。因葛伯不祭祀鬼神，危杀几重，成汤首先征讨他。成汤说："我说过这样的话：人照一照水就能看出自己的形貌，看一看民众就可以知道国家治理得好与不好。"伊尹说："英明啊！听得进去善言，道德才会进步。为了治理国家，抚育万民，凡是有德行做好事的人都要任用为朝廷之官。努力吧，努力吧！"成汤对葛伯说："你们不能敬顺天命，我就要重重地惩罚你们，概不宽赦。"并写下《汤征》，记载了征葛的情况。

汤以仁厚收揽人心，争取人民的支持。一天成汤外出游猎，看见郊野四面张着罗网，张网的人祝祷说："愿从天上来的，从地下来的，从四方来的，都进入我的罗网！"成汤听了说："这样就把禽兽全部打光了！"于是把罗网撤去三面，让张网的人祝祷说："想往左边走的就往左边走，想向右边逃的就向右边逃。不听从命令的，就进我的罗网吧。"诸侯听到这件事，都说："汤真是仁德到极点了，就连禽兽都受到了他的恩惠。"汤网开三面、恩及禽兽的事传开后，人民都称赞他宽厚仁慈，纷纷拥护他，汤的势力进一步壮大。

汤历数夏桀的暴虐无道，号召夏的附属小国背弃桀，归附商。对不听他劝告者，就先后出兵攻灭，如葛（今河

南省睢县)、顾(今山东省鄄城东)等夏朝属国，以剪除桀的羽翼。商汤越战越强，十一征而无敌于天下。夏桀陷于孤立的境地。汤迁都于亳(bó)(今河南省洛阳市偃师区)，以此为前进的据点，准备最后攻灭夏朝。汤还采纳了伊尹的建议，停止朝贡夏朝以试夏桀的实力。桀命令九夷族发兵征讨商，这说明桀还能调动九夷族的兵力，汤和伊尹见此马上请罪，恢复向夏桀的进贡。一年后，九夷族也忍受不了桀的残暴统治，纷纷叛离，这使桀的力量大为减弱，汤和伊尹见时机成熟，就由汤召集部众，出兵伐夏，在鸣条(今山西省夏县西)一举攻灭了夏桀，建立了中国历史上第二个奴隶制王朝——商朝，定都亳。

汤建立商朝后，减轻赋税，鼓励生产，安抚民心，使商的势力扩展至黄河上游，成为又一个强大的奴隶制王朝。

# 第四章

## 【原　文】

《诗》云："邦畿(jī)千里，惟民所止①。"《诗》云："缗(mín)蛮黄鸟，止于丘隅(yú)②。"子曰："于止，知其所止，可以人而不如鸟乎！"《诗》云："穆穆文王，于缉(jī)熙敬止③！"为人君，止于仁；为人臣，止于敬；为人子，止于孝；为人父，止于慈；与国人交，止于信。

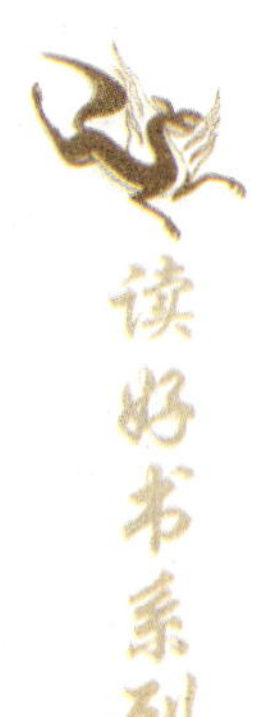


## 【注　释】

①邦畿千里，惟民所止：引自《诗经·商颂·玄鸟》。邦畿，都城及其周围的地区。止，有至、到、停止、居住、栖息等多种含义，

随上下文而有所区别。在这句里是居住的意思。

②缗蛮黄鸟，止于丘隅：引自《诗经·小雅·绵蛮》。缗蛮，即绵蛮，鸟叫声。隅，角落。止，栖息。

③“穆穆”句：引自《诗经·大雅·文王》。穆穆，仪表美好端庄的样子。于，叹词。缉，继续。熙，光明。止，语助词，无意义。

## 【译文】

《诗经》说：“京城及其周围，都是老百姓居住的地方。”《诗经》又说：“绵蛮地鸣叫着的黄鸟，栖息在山冈

上。”孔子说：“连黄鸟都知道它该栖息在什么地方，难道人还能不如一只鸟儿吗？”《诗经》说：“品德高尚的文王啊，为人光明磊落，做事始终庄重谨慎。”做国君的，要做到仁爱；做臣子的，要做到恭敬；做子女的，要做到孝顺；做父亲的，要做到慈爱；与他人交往，要做到讲信用。

【小故事】

## 孺子可教

张良，字子房，汉初名臣，与萧何、韩信并称汉初三杰。他的先人是韩国人。祖父开地，做过韩昭侯、宣惠王、襄哀王的相。

一日，张良闲暇时徜徉于下邳(pī)桥上，有一个老人，穿

着粗布衣裳，走到张良跟前，故意把他的鞋甩到桥下，看

着张良，对他说：“小子，下去把鞋捡上来！”张良有些惊讶，但见他年老，就下去捡来了鞋。老人说：“给我把鞋穿上！”张良心想既然已经替他把鞋捡了上来，就跪着帮他把鞋穿上，老人把脚伸出来穿上鞋，笑着离去了。张良十分惊讶，注视着老人的身影。老人离开了约有一里路，又返回来，对还在原地的张良说：“你这个孩子可以教导教导。五天后天刚亮时，跟我在这里相会。”张良觉得这件事很奇怪，但仍然跪下来说：“嗯。”五天后的拂晓，张良到了约好的地方。老人已先在那里，生气地说：“跟老

年人约会，反而后到，为什么呢？”老人离去，并说：“五天以后早早来会面。”五天后鸡一叫，张良就去了。老人又先在那里，又生气地说：“又来晚了，这是为什么？”老人离开时又说：“五天后再早点儿来。”

五天后，张良不到半夜就去了。过了一会儿，老人也来了，这次高兴地说：“应当像这样才好。”随后老人拿出一部书，说：“读了这部书就可以做帝王的老师了。十年以后就会发迹。十三年后小伙子你到济北见我，谷城山下的黄石就是我。”说完便走了，也没有别的话留下，从此张良再没有见到这位老人。天明时张良一看老人送的书，原来是《太公兵法》。张良因而觉得这部书非同寻常，经常学习、诵读它。

后来，张良成为了“运筹于帷幄之中，决胜于千里之外”的汉代开国谋臣。

【小故事】

## 文王羑(yǒu)里演周易

周文王姓姬，名昌。古公亶(dǎn)父之孙，季历之子。商纣时为西伯，亦称西伯昌。相传西伯在位五十年，已为翦商大业做好充分准备，但未及出师便先死去。

《史记·周本纪》中记载周文王能继承后稷(jì)、公刘开创的事业，仿效祖父古公亶父和父亲季历制定的法度，实

行仁政，敬老爱幼，礼贤下士，治理岐山下的周族土地。周文王在治岐期间，对内奉行德治，提倡“怀保小民”，大力发展农业生产，采用“九一而助”的政策，即划分田地，让农民助耕公田，纳九分之一的税。商人往来不收关税，有人犯罪妻子不连坐等，实行着封建制度初期的政治，即裕民政治，征收租税有节制，让农民有所积蓄，以刺激劳动兴趣。对外招贤纳士，许多外族部落的人才及从商纣王朝来投奔的贤士，他都以礼相待，予以任用，伯夷、叔齐、太颠、闳(hóng)夭、散宜生、辛甲等人，都先后归附在姬昌部下。姬昌自己生活勤俭，不反穿普通衣服，还到田间劳动，兢兢业业地治理自己的国家。岐山在他的治理下，国力日渐强大。

周族逐渐增强壮大，引起商王朝的不安。商纣王的亲信谗臣崇侯虎，暗中向纣王进言说，西伯侯到处行善，树立自己的威信，诸侯都向往他，恐怕不利于商。纣王于是将姬昌拘于羑里（今河南省汤阴县）。姬昌在囚禁中，精心致力“演易之六十四卦，各为彖(tuàn)”。周臣闳夭等人为营救文王，搜求美女、宝马、珠玉献给纣王，纣王见了大喜道：“仅此一物（指美女）就足够了，何况宝物如此之多！”于是下令赦免周文王，并赏给他弓、矢、斧、钺，授权他讨伐不

听命的诸侯。这就是史书中说的周文王“羑里之厄”。

周文王下决心灭商。他一面向纣王献地，请求免除酷刑，以取得信任；一面访贤任能，壮大国力。他出猎在渭水河，边巧遇年已垂老、怀才不遇的姜尚在水边钓鱼，周文王同他谈话，相互谈得很投机。周文王了解姜尚确有真才，便让姜尚与他同车而归，并立以为师，共同筹划灭商策略。据《尚书大传》记载，周文王在他在位的最后七年中干了六件大事。第一年调解虞、芮两国纠纷。虞（今山西平陆）、芮（今山西芮城）都是商王朝的西方属国，但是他们不找商王裁决，而是都慕周文王的威名，求周文王审断。据《诗经·大雅·绵》篇注说：虞、芮两国看到周国是“耕者让其畔，行者让路”“男女异路，斑白不提挈”“士让为大夫，大夫让为卿”，一派君子之风。两相对比，内心羞愧，回国之后，虞、芮两国主动将所争之地作为闲田，纠纷自此解决。第二年，周文王出兵伐犬戎（今陕西、甘肃一带），战败西戎诸夷，灭了几个小国。第三年攻打密须（今甘肃省灵台县），解除了北边和西边的后顾之忧。第四年戡（kān）黎（今山西省黎城县），第五年伐邘（hán）（今河南省沁阳市）。戡黎、伐邘实际上构成了对商都朝歌的直接威胁。第六年灭崇国（今陕西省户县），就是商纣王的亲信谗臣崇侯虎的封国。将周的都城由岐山周原东迁至渭水平原，并建立沣（fēn）京（今陕西省西安市沣河西岸）。《诗经·大雅》记载：“既伐于崇、作邑于沣。”接着周文王又向南扩展势力到长江、汉江、汝水流域，形成了“三分天下有其二”的形势。这说明周实际已控制了大半个天下，而商已处于极度孤立的境地。

就在大功垂成之际，姬昌因年老逝世。《尚书·无逸》和《吕氏春秋·制乐》中都说他享国五十年，称王前立国四十三年。

姬昌逝世后葬于毕地（今陕西长安与咸阳之间渭水南北岸）。

## 【原　文】

《诗》云：“瞻(zhān)彼淇(qí)澳，绿竹猗(yī)猗。有斐(fěi)君子，如切如磋(cuō)，如琢如磨。瑟兮僩(xiàn)兮，赫兮咺(xuǎn)兮。有斐君子，终不可諠(xuān)兮①！”“如切如磋”者，道学也②。“如琢如磨”者，自修也。“瑟兮僩兮”者，恂(xún)栗也③。“赫兮咺兮”者，威仪也。“有斐君子，终不可諠兮”者，道盛德至善，民之不能忘也。《诗》云：“于戏，前王不忘④！”君子贤其贤而亲其亲，小人乐其乐而利其利，此以没世⑤不忘也。

## 【注　释】

①《诗》云：这几句诗引自《诗经·卫风·淇澳》。淇，指淇水，在今河南北部。澳，水边。斐，文采。瑟兮僩兮，庄重而胸襟开阔的样子。赫兮　兮，显耀盛大的样子。

②道：说、言的意思。

③恂栗：恐惧，戒惧。

④于戏，前王不忘：引自《诗经·周颂·烈文》。于戏：叹词。前王：指周文王、周武王。

⑤此以：因此。没世：去世。

## 【译　文】

《诗经》说："看那淇水弯弯的岸边，如竹子一样的荩草郁郁葱葱。有一位文质彬彬的君子，研究学问如加工骨器，不断切磋；修炼自己如打磨美玉，反复琢磨。他庄重而开朗，仪表堂堂。这样的一个文质彬彬的君子，真是令人难忘啊！"这里所说的"如加工骨器，不断切磋"，是指做学问的态度。这里所说的"如打磨美玉，反复琢磨"，是指自我修炼的精神。说他"庄重而开朗"，是指他内心

谨慎而有所戒惧。说他“仪表堂堂”，是指他非常威严。说“这样一个文质彬彬的君子，可真是令人难忘啊”，是指君子的品德完美，达到了最高境界的善，百姓自然不会忘记他。《诗经·周颂·烈文》说：“啊，前代的君王真使人难忘啊！”这是因为君子们能够以前代的君王为榜样，尊重他们尊重的人，亲近他们亲近的人，一般平民百姓也都蒙受恩泽，享受安乐，获得利益。所以，虽然前代君王已经去世，但人们还是永远不会忘记他们。

【小故事】

## 屈原爱国

屈原名平，楚国贵族。公元前340年诞生于秭(zǐ)归三闾乡乐平里。屈原自幼勤奋好学，胸怀大志，26岁就担任楚国三闾大夫一职。起初他颇受楚怀王的信任，曾做到左徒这样的高官。他主张授贤任能，彰明法度改良内政，联齐抗秦。但是，楚怀王的令尹子椒、上官大夫和他的宠妃郑

袖等人，由于受了秦国使者张仪的贿赂，不但阻止怀王接受屈原的意见，而且使怀王疏远了屈原。

屈原因怀王不能分辨是非，被谗(chán)佞(nìng)谄(chǎn)媚之徒所蒙蔽而不能辨明真伪，致使邪恶伤害了公道、正直的人不被朝廷所容，而感到万分痛心。忧愁苦闷、沉郁深思的思绪无处发泄，便诉诸于纸上，因而写成《离骚》。“离骚”，就是遭遇忧患之意。上天是人的开始，父母是人的根本。人在处境窘迫的时候，就要追念根本，所以在劳累困苦到极点时，没有不呼唤上天的；在受到病痛折磨无法忍受时，没有不呼唤父母的。

屈原坚持公证，行为耿直，对君王一片忠心，竭尽才屈原虽具备才智，但是却受到小人的挑拨离间，满腹才伦却无处可施，其处境可以说是极端困窘了。诚心为国却被君王怀疑，忠心事主却被小人诽谤，怎能没有悲愤之情呢？屈原写作《离骚》，正是为了抒发这种悲愤之情。《诗经·国风》中虽然有许多描写男女恋情之作，却并不淫乱；《诗经·小雅》中虽然表露了百姓对朝政的诽谤愤怨之情，却不主张公开反叛。而屈原的《离骚》，可以说是兼有以上两者的优点。屈原在《离骚》中，往上追述到帝喾（kù）的事迹，近世赞扬齐桓的伟业，中间叙述商汤、周武的德政，以此来嘲讽时政。道德内容的广博深远，治乱兴衰的因果必然，这些都讲得非常详尽。其语言简约精炼，其内容托意深微，其情志高洁，其品行廉正，其文句虽写的是细小事物，但其意旨却极其宏大博深，其所举的虽然都是眼前习见的事例，而所寄托的意义却极其深远。其情志高洁，所以喜欢用香草作譬喻。其品行廉正，所以至死也不放松对自己的要求。其身处污泥浊水之中而能将自身洗涤干净，就像蝉能从混浊污秽中解脱出来一样，在尘埃之外浮游，不被世俗的混浊所玷污，清白高洁，出淤泥而不染。推论其高尚情志，就是说与日月争辉也是适宜的。

满腹的忧愁愤恨，他都写成了诗篇。他越来越老了，

但是复兴楚国的希望，却一天也没有熄灭过。

公元前278年，一个晴天霹雳般的消息把他击昏了：秦将白起进攻楚国，占领郢(yǐng)都（今湖北省江陵县东北），楚国的宗庙和陵墓都被毁了，楚国要亡了！他决定回到郢都去，死在出生的土地上。他头也不梳，脸也不洗，昏昏沉沉地走了几天，到了汨罗江边，他在清澈的江水里看见了自己的满头白发，心也像波浪一样翻腾起来。

联盟被小人破坏了，楚国遇到了危险，百姓遭到了灾殃。屈原在江边踱着，他怀念郢都，怀念百姓，憎恨敌人，憎恨奸邪，决定用自己的生命去警告卖国的小人，来

激起全国百姓的爱国热忱。

这里的土地没被秦兵践踏过，是干净的。他解下衣服，抱着江边的石头，用带子紧紧缚在自己身上，奋力向江心一跳。这位爱国诗人带着楚国的干净石块，很快沉了下去。这一天是五月初五。

屈原死后，百姓敬重他，哀悼他。因为他是和危害楚国的小人斗争到死的，所以到了他的忌日，百姓们就挂起菖蒲剑，喝着雄黄酒，以预防奸邪的侵害。百姓相信这位爱国诗人是不会死的，所以每年五月初五，他们就摇着龙船，到处去寻觅诗人。而他的爱国精神，也早已经在中国人民的心中生了根。

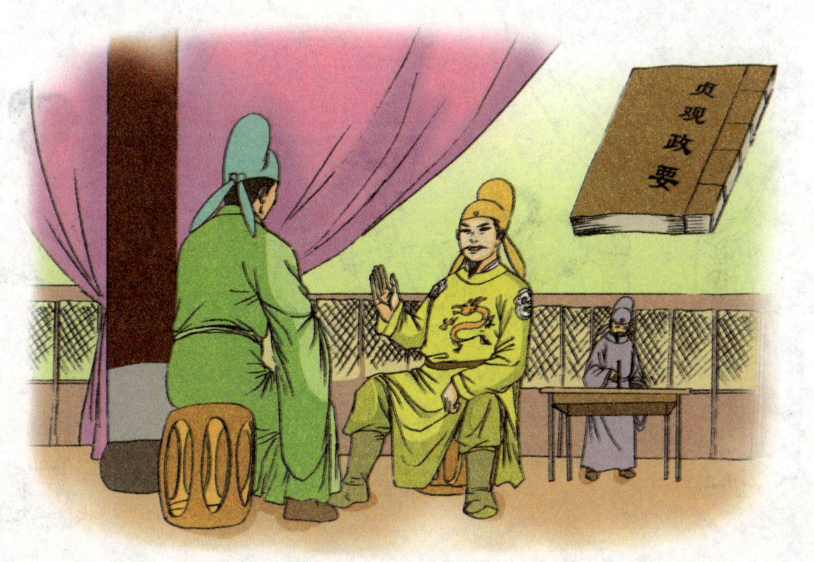

【小故事】

## 贤君唐太宗

公元626年六月四日，李世民率秦府幕僚长孙无忌、尉(yù)迟敬德等，在宫城的北面玄武门内，一举杀死了太子李建成和四弟齐王李元吉，这就是“玄武门之变”。两天以后，唐高祖下诏将李世民立为太子。八月，唐高祖禅位，

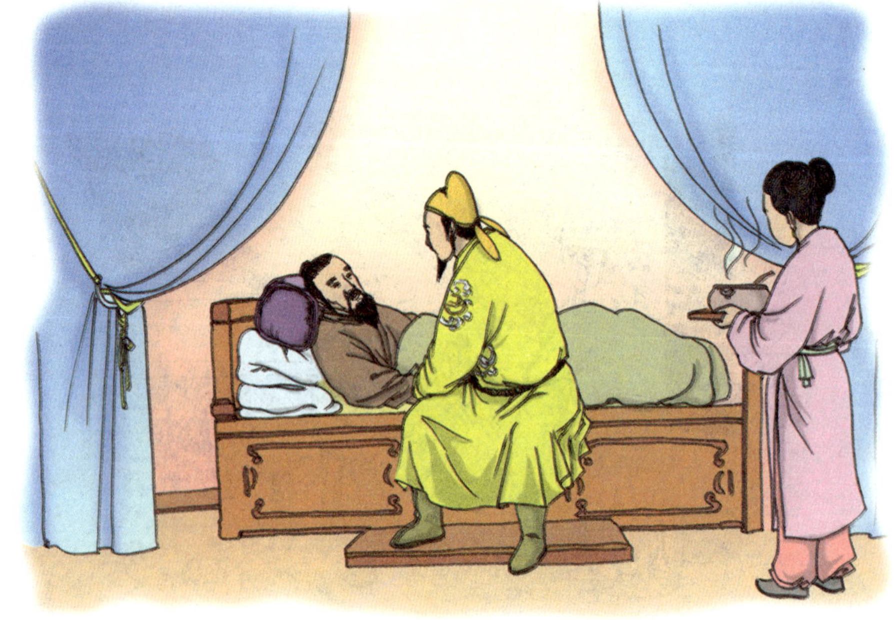

成为太上皇，李世民登上帝位，是为唐太宗。第二年年初，唐太宗改元贞观。

唐太宗经常与其大臣们论古说今，总结历史经验，以改善统治。他很重视强盛的隋朝在短时间内土崩瓦解一事，经常议论隋亡的教训，并引以为戒。他们还探讨历代王朝兴衰成败的原因，从中吸取经验教训。参与论治的主要大臣有魏征、房玄龄、杜如晦、褚遂良、马周等。

唐太宗曾多次引用荀子的话说：“君者，舟也；庶人者，水也。水则载舟，水则覆舟。”魏征也曾说，强盛的隋朝的快速灭亡，就是由于隋炀帝“驱天下以从欲，罄(qìng)万

物而自奉”“徭役无时，干戈不戢（jí）”，所以说“载舟覆舟，所宜深慎”。他们认识到一个政权如果过分暴虐，使人民无法生活下去，就会被人民推翻，所以对人民的剥削压迫要有节制，不能超过一定的限度。

唐太宗君臣论治的范围很广，涉及加强、巩固封建统治的各个方面，其主要内容多收入在《贞观政要》一书中。因而该书深受后代封建统治者的重视。

唐太宗在用人方面坚持“选贤任能”的原则，不因亲故而取庸劣；不因关系疏远或曾是政敌而舍贤才。不拘一格，因材致用，因而从各阶层、各集团搜罗了许多人才，他重用的一批大臣如房玄龄、杜如晦、魏征、李靖等，都是当时杰出的政治家或军事家。唐太宗认为地方官直接管理人民，与天下治乱有直接关系，所以非常重视对地方官吏的任用和考察。他把各地都督、刺史的姓名写在宫内屏风上，随时记其功过，以备奖惩。

唐太宗很重视大臣的意见，注意兼听众议，虚心纳谏。他还鼓励大臣直言进谏，因此一时朝廷上出现了良好的政治风气。大臣魏征曾对唐太宗说：“兼听则明，偏信则暗。”唐太宗很赞成此说。常对太宗进言的大臣以魏征最为著名，并且敢犯颜直谏。太宗有时想不通，十分生气，甚至还很恼恨，可是转念一想，又认为魏征是对的，接受了魏征的意见。后来魏征去世，太宗十分难过，也很怀念魏征。太宗曾对大臣们说："夫以铜为镜，可以正衣冠；以古为镜，可以知兴替；以人为镜，可以明得失。朕常保此三镜，以防己过。今魏征殂(cú)逝，遂亡一镜矣！"太宗兼听纳谏，纠正了不少错事，更改了许多错误意见，也防止了一些可能发生的问题，使政治保持清明。

唐太宗在位时，君臣们都很重视实行"轻徭薄赋、发展生产"的方针政策。太宗曾对大臣们说：残酷剥削人民的"亡国之主"是咎由自取。如他说："齐主（北齐后主高纬）深好奢侈，所有府库用之略尽，乃至关市无不税敛，朕常谓此犹如馋人自食其肉，肉尽必死。人君赋敛不已，百姓既弊，其君亦齐主是也。"唐初的赋税徭役比隋朝有所减轻，尤其是力役减轻了很多。在征发力役时，比较有节制，注意不夺农时。唐太宗即位之初，关东、关中各地连续数年发生水旱霜蝗等灾情，灾民很多。太宗下令免除受灾地区的租税，开官仓赈恤，并准许灾民到非灾区就食，还拿出御府金帛为因灾荒而出卖子女者赎回其子女。为减轻人民负担，太宗精简政府机构，把中央官员从二千余人减少到六百余人，并省了许多州县，还节约了政府开支。

唐太宗曾派使者到突厥，用金帛赎回隋末被突厥虏去

的男女八万余人，还放出宫女三千多人回到民间，这些都对稳定社会秩序、增加社会劳动人手起了作用。为解决耕畜不足的问题，与突厥等少数民族“互市”，换取了大量马、牛，用以耕田。

正是因为采取了一系列措施，再加上广大农民的辛勤劳动，农业生产连获丰收，米价最低时每斗不过三、四钱，流散的人民逐渐返回故乡。社会生产逐步恢复、发展，出现了一派太平景象。

在与少数民族的关系方面，唐太宗虽多次派兵反击突厥、吐谷(yù)浑等的侵扰，之后也征服了突厥、吐谷浑等，但他主要还是采取以怀柔为主的羁縻(mí)政策。对于依附的各族，他一般不改变其生产方式、社会制度，注意保存其部落体制，尊重其习俗。在边远少数民族地区设立羁縻府州，任命各族首领为都督、刺史等，统辖本族；不仅基本上不征税，而且还经常给各族贵族大量赏赐，他对归附的少数民族首领也很信任，不少人被授以高级官职、册封爵位；还帮助他们的部属发展生产，稳定社会秩序。他通过“和亲”的方法，进一步发展民族关系。又开通通往西域的大碛(qì)道和通往北方边疆地区的参天可汗道，以加强内地与边疆民族地区的经济、文化联系。唐太宗对少数民族采取的政策是比较成功的，促进了各民族的经济文化交流，同时也为唐朝树立了声威。公元630年，唐太宗被少数民族尊奉为“天可汗”。

# 第五章

## 【原 文】

子曰："听讼，吾犹人也。必也使无讼乎[1]。"无情者不得尽其辞[2]。大畏民志[3]，此谓知本。

## 【注　释】

①“子曰”句：引自《论语·颜渊》。听讼，听诉讼，即审案子。犹人，与别人一样。

②无情者不得尽其辞：使隐瞒真实情况的人不能够花言巧语。

③民志：民心，人心。

## 【译　文】

孔子说：“听诉讼审理案子，我也和别人一样，目的在于使诉讼不再发生。”使隐瞒真实情况的人不敢花言巧语。使人心畏服，这就叫做抓住了根本。

【小故事】

## 智驳秦王

战国时候，秦国国力最强，因此常常进攻别的国家。

有一回，赵王得了一件无价之宝，叫和氏璧。秦王知道了，就写了一封信给赵王，说愿意拿十五座城换这块璧。

赵王接到了信仍非常着急，立即召集大臣来商议。大家说秦王不过是想把和氏璧骗到手罢了，不能上他的当，可是不答应，又怕他派兵来进攻。

正在为难的时候，一位大臣说有个人名叫蔺相如，他勇敢机智，或许能解决这个问题。赵王把蔺相如找来，问他该怎么办。

蔺相如想了一会儿，说："我愿意带着和氏璧到秦国去，如果秦王真的拿十五座城来换，我就把璧交给他；如果他不肯交出十五座城，我一定把璧送回来。那时候秦国理屈，就没有动兵的理由。"

赵王和大臣们没有别的办法，只好派蔺相如带着和氏

璧到秦国去。

蔺相如到了秦国，进宫见到秦王，献上和氏璧。秦王双手捧住璧，一边看一边称赞，绝口不提十五座城的事。蔺相如看这情形，知道秦王没有拿城换璧的诚意，就上前一步，说："这块璧有点儿小毛病，让我指给您看。"秦王听他这么一说，就把和氏璧交给了蔺相如。蔺相如捧着璧，往后退了几步，靠着柱子站定，之后他理直气壮地说："我看您并不想交换十五座城。现在璧在我手里，您要是强逼我，我的脑袋和璧就一块儿撞碎在这柱子上！"说着，他举起和氏璧就要向柱子上撞。秦王怕他把璧真的

撞碎了，连忙说一切都好商量，就叫人拿出地图，把允诺划归赵国的十五座城指给他看。蔺相如说和氏璧是无价之宝，要举行个隆重的典礼，他才肯交出来。秦王只好跟他约定了举行典礼的日期。

蔺相如知道秦王丝毫没有拿城换璧的诚意，一回到驿站，就叫手下人化了装，带着和氏璧抄小路先回赵国去了。到了举行典礼那一天，蔺相如进宫见了秦王，大大方方地说："和氏璧已经送回赵国去了。您如果有诚意的话，先把十五座城交给我国，我国马上派人把璧送来，决不失信。不然，您杀了我也没有用，只会让天下的人都知道秦国是从来不讲信用的！"秦王没有办法，只得客客气气地

把蔺相如送回赵国。

这就是“完璧归赵”的故事。蔺相如立了功，赵王封他做上大夫。

过了几年，秦王约赵王在渑(miǎn)池会见。赵王和大臣们商议说：“去吧，怕有危险；不去吧，又显得太胆怯。”蔺相如认为不能对秦王示弱，还是去的好，赵王这才决定动身，让蔺相如随行。大将军廉颇带着军队送他们到边界，并做好了抵御秦兵的准备。

赵王到了渑池，会见了秦王。秦王要赵王鼓瑟，赵王

不好推辞，就鼓了一段。秦王就叫人记录下来，说在渑池会上，赵王为秦王鼓瑟。

蔺相如看秦王这样侮辱赵王，生气极了。他走到秦王面前，说："请您为赵王击缶(fǒu)。"秦王拒绝了。蔺相如再要求，秦王还是拒绝。蔺相如说："您跟我现在只有五步远。您不答应，我就跟您拼了！"秦王被逼得没法，只好敲了一下缶。蔺相如也叫人记录下来，说在渑池会上，秦王为赵王击缶。

秦王没占到便宜，他知道廉颇已经在边境上做好了准备，不敢拿赵王怎么样，只好让赵王回去。

就这样，蔺相如用自己的聪明才智维护了赵国的利益和尊严。

【小故事】

## 铁面无私的包拯

包拯是庐州合肥（安徽省合肥市肥东县）人，早年做

过天长县（今安徽省天长市）的县令。有一天，县里发生一桩案件，有个农民夜里把耕牛拴在牛棚里，早上起来，发现牛躺在地上，嘴里淌着血，掰开牛嘴一看，原来牛的

舌头被人割掉了。这个农民又气又心痛，就赶到衙门告状，要求包拯为他查究割牛舌的人。

这个无头案该往哪里去查呢？包拯想了一下，就跟告状的农民说："你先别声张，回去把你家的牛宰了再说。"

农民原本舍不得宰耕牛，而且按当时的法律，耕牛是不能私自屠宰的。但是一来，割掉了舌头的牛也活不了多少天；二来，是县官叫他宰牛，也不会犯法。

所以农民回家后，就把耕牛杀掉了。第二天，天长县衙门里就有人来告发那农民私宰耕牛。

包拯问明情况，立刻沉下脸，吆喝一声说："好大胆的家伙，你把人家的牛割了舌头，反倒来告人私宰耕牛？"

那个家伙一听就呆了，伏在地上直磕头，老老实实地供认是他干的。

原来，割牛舌的人跟那个农民有冤仇，所以先割了牛舌，又去告发牛主人宰牛。

从那以后，包拯审案能力强的名声就传开了。

有一年，开封发大水，那里有一条惠民河河道阻塞，水排泄不出去。包拯调查发现，河道阻塞的原因是有些官官、权贵侵占了河道，在河道上修筑花园、亭台。包拯立刻下命令，要这些园主把河道上的建筑全部拆掉。有个权

贵不肯拆除，开封府派人去催促，那人还强词夺理，拿出一张地契，硬说那块地是他的产业。包拯详细检查，发现地契是那个权贵自己伪造的。包拯十分生气，勒令那人拆掉花园，还要写一份奏章向宋仁宗揭发。那人一看事情要闹大，如果仁宗真的追究起来，也没有他的好处，只好乖乖地把花园拆了。

一些权贵听说包拯执法严明，都吓得不敢为非作歹。有个权贵想通关节（指旧时暗中行贿，沟通官吏等），打算送点礼物给包拯，旁人提醒他，别白费心了，包拯的廉洁奉公是出了名的。他原来在端州（今广东省肇庆市）做过官。端州出产的砚台，是当地的特产。皇宫规定，端州官员每年要进贡一批端砚到内廷去。在端州做官的人往往借进贡的机会，向百姓大肆搜刮，私下贪污一批端砚，去讨好那些权贵大臣。搜刮去的端砚比进贡的要多出几十倍。后来，包拯到了端州，向民间征收端砚时，除了进贡朝廷的以外，连一块都不增加。直到他离开端州，也没有私自要过一块端砚。

那权贵听了，知道没有空子好钻，只好罢休。后来开封府的男女老少，没有不知道包拯是个大清官的。民间流传着两句歌谣：“关节不到，有阎罗、包老。”

因为包拯一生做官清廉，不仅生前得到人们的赞扬，在他死后，人们也把他当作清官的典型，尊称他“包公”“包青天”，或者叫他“包待制”“包龙图”。民间流传着包公铁面无私、打击权贵的许多故事，反映了人们对清官的敬慕之心。

# 第六章

## 【原　文】

（此谓知本[①]。）

所谓致知在格物者，言欲致吾之知，在即物而穷其理也[②]。盖人心之灵莫不有知，而天下之物莫不有理，惟于

理有未穷[3]，故其知有不尽也。是以《大学》始教，必使学者即凡天下之物，莫不因其已知之理而益穷之[4]，以求至乎其极。至于用力之久，而一旦豁然贯通焉，则众物之表里精粗无不到，而吾心之全体大用无不明矣。此谓物格。此谓知之至也。

## 【注　释】

①这一章的原文只有“此谓知本。此谓知之至也”两句。朱熹认为，“此谓知本”一句是上一章的衍文，“此谓知之至也”一句前面又缺了一段文字。所以，朱熹根据上下文关系补充了一段文字，这里所选的，就是朱熹补充的文字。

②即：接近，接触。穷：穷究，彻底研究。

③未穷：未穷尽，未彻底。

④益：更加。

## 【译　文】

说获得知识的途径在于认识、研究万事万物，是指要想获得知识，就必须接触事物而彻底研究它的原理。人的心灵都具有认识能力，而天下万事万物都总有一定的原

理，只不过因为这些原理还没有被彻底认识，所以使知识显得很有局限。因此，《大学》一开始就教学习者接触天下万事万物，用自己已有的知识去进一步探究，以彻底认识万事万物的原理。经过长期用功，总有一天会豁然贯通，到那时，万事万物的里外巨细都被认识得清清楚楚，而自己内心的一切认识能力都得到淋漓尽致的发挥，再也没有蔽塞。这就叫万事万物被认识、研究了。这就叫知识达到顶点了。

【小故事】

## 勤于思考

阎若璩(qú)是清代有名的考据学家。小时候有口吃的毛病，说起话来结结巴巴的，不但话说不清楚，头脑也显得很迟钝。但他从小就是个热爱学习、勤于思考的好孩子。

阎若璩 6 岁时上学读书。一篇文章，别的孩子读几遍就能熟练地背诵下来，阎若璩读上百遍，甚至上千遍也还背不下来。但是阎若璩并没有放弃，他想：俗话不是说

“笨鸟先飞”吗？自己虽然比较笨，但多下些功夫，总可以赶上别的孩子的。于是，他就一遍又一遍地用心读，不把文章读懂读通，决不罢休。就这样寒来暑往，几年时间过去，阎若璩终于在学业上有了明显长进。15岁的时候，他已经熟读了不少的书。但是，他觉得自己的理解还不够深刻，心中既着急，又苦闷，常常恨自己的脑子笨。可又有什么办法呢？

一个狂风呼啸的冬夜，阎若璩又在思索书中的疑难问题。他一会儿在纸上写点什么，一会儿又抬起头来想问题。不知不觉已经到了后半夜，室内寒气逼人，炭火早就不知在什么时候灭了。但他好像一点也没有感觉到寒冷，仍然坐在桌前，全神贯注地思考着。突然，他觉着心中一亮，疑难问题想通了，阎若璩高兴极了，立即拿起笔，把自己的心得记录下来。

阎若璩找到了思索问题的捷径后，再遇到什么疑难问题都不怕了。这些难题就都像窗户纸一样，一捅就破。这时候，阎若璩觉得脑子变得特别聪明，自己一点儿也不笨了。

在做每件事情的时候，一定要勤于思考，开动脑筋，总会有柳暗花明的时候。阎若璩不就是一个很好的例子吗？

# 第七章

## 【原　文】

所谓诚其意者[①]，毋自欺也[②]。如恶恶臭[③]，如好好色[④]，此之谓自谦[⑤]。故君子必慎其独也[⑥]。小人闲居为不善[⑦]，无所不至，见君子而后厌然[⑧]，掩其不善[⑨]，而著其善[⑩]。人之视己，如见其肺肝然，则何益矣！此谓诚于中[⑪]，形于外，故君子必慎其独也。曾子曰："十目所视，十手所指，其严乎！"富润屋[⑫]，德润身[⑬]，心广体胖[⑭]，故君子必诚其意。

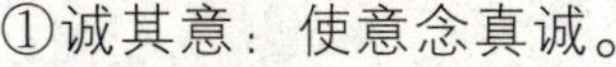

## 【注　释】

①诚其意：使意念真诚。

②毋：不要。

③恶恶臭：厌恶腐臭的气味。臭，气味，较现代单指臭味的含义宽泛。

④好好色：喜爱美丽的女子。好色，美女。

⑤谦：通"慊(qiàn)"，心安理得的样子。

⑥慎其独：在独自一人时也谨慎不苟。

⑦闲居：即独处。

⑧厌然：躲躲闪闪的样子。

⑨掩：遮掩，掩盖。

⑩著：显示。

⑪中：指内心。下面的"外"指外表。

⑫润屋：装饰房屋。

⑬润身：修养自身。

⑭心广体胖：心胸宽广，身体舒泰安康。胖，大，舒坦。

## 【译　文】

使意念真诚的意思是说，不要自己欺骗自己。要像厌恶腐臭的气味一样，要像喜爱美丽的女人一样，一切都发自内心。所以，品德高尚的人哪怕是在一个人独处的时候，也一定要谨慎。品德低下的人在私下里无恶不作，一见到品德高尚的人便躲躲闪闪，掩盖自己所做的坏事而自吹自擂。殊不知，别人看你自己，就像能看见你的心肺肝脏一样清楚，掩盖有什么用呢？这就叫作内心的真实一定

会表现到外表上来。所以，品德高尚的人哪怕是在一个人独处的时候，也一定要谨慎。曾子说："十只眼睛看着，十只手指着，这难道不令人畏惧吗?"财富可以装饰房屋，品德却可以修养身心，使心胸宽广而身体舒泰安康。所以，品德高尚的人一定要使自己的意念真诚。

【小故事】

## 齐人有一妻一妾

齐国有一名男子，与一妻一妾住在一起。他常常独自一人外出，然后酒足饭饱而归。这人的妻子感到有些奇怪，心想：“没听说他在外面做什么大事，家里妻妾又没有过什么好日子，他怎么有钱经常在外面大吃大喝呢？”于是便问其原因。齐国男子说道：“我在外面结交的都是些富贵家的人，人家三天一大宴、两天一小宴，请我去我还用花钱吃酒肉？”

这人的妻子半信半疑。她悄悄对那妾说：“我们的男人每次出去，总是吃饱了酒肉才回来。我问他经常跟什么人在一起吃喝，他说都是些富贵家的人。可是我们家从来都不曾有一位贵客登门呀！看来我要了解一下这究竟是怎么一回事。”

第二天，这个齐人的妻子起了个大早。她尾随在自己的丈夫身后，但是走遍了全城，甚至没见到有谁和自己的男人讲一句话。夫妻俩一前一后地在城里转了一阵子，忽然，这女人看见丈夫朝东门外走去，她紧跟了上去。哪知道东门外是一块坟地。她只见自己的丈夫走东头、窜西头，向各家上坟的人乞讨着剩下的残酒冷菜。这女人一下子全明白了。她气呼呼地跑回家去，把真相一五一十地告诉了那妾，并且伤心地说：“丈夫是我们要仰望并终身依靠的人，现在他竟然这样。”这两个女人你一言我一语地数落丈夫的不是，也为自己这辈子命苦而痛哭流涕。

但她们的丈夫并不知道自己在坟地里行乞的事已经露馅，回家后仍像往常一样得意洋洋地在其妻妾面前夸耀与贵人聚会的热闹场面……

# 第八章

## 【原　文】

所谓修身在正其心者，身有所忿懥（zhì）①，则不得其正；有所恐惧，则不得其正；有所好乐，则不得其正；有所忧患，则不得其正。心不在焉，视而不见，听而不闻，食而不知其味。此谓修身在正其心。

## 【注　释】

①身：程颐认为应为"心"。忿懥（zhì）：愤怒。

## 【译　文】

之所以说修养自身的品性要先端正自己的心思，是因为心有愤怒，就不能够端正；心有恐惧，就不能够端正；

心有偏好，就不能够端正；心有忧虑，就不能够端正。心思不端正就像心不在自己身上一样；虽然在看，但却像没有看见一样；虽然在听，但却像没有听见一样；虽然在吃东西，但却一点也不知道是什么滋味。所以说，要修养自身的品性必须要先端正自己的心思。

【小故事】

## 差　异

春秋时期鲁国有位叫秋的人特别喜欢下围棋，经过潜心研究，终于成为当时的第一高手，人们不知道他姓什么，因为他是因下围棋而出名的，所以人们都叫他弈秋。

弈秋不仅棋艺高超，而且围棋的理论水平也较高，据传“金角银边草肚皮”这句围棋俗语就是他总结出来的。

这句话的意思是什么呢？就是说下围棋占角的价值比占边大，占边的价值又比占中腹的价值大。

这是由棋盘的特定构成决定的：占角时可以利用两条公共边，占边时只能利用一条公共边，而占腹地时却没有公共边可利用。计算一下围起相同目数的地在角、边和中腹各需要多少子，就可以清楚地知道三者价值的大小。

由于弈秋的围棋下得好，又通棋理，很多家长就把自己的孩子送去他那里学棋。古时候跟师傅学棋可不是每个人都有的好运气，不像今天在学校里有老师专门教授下棋的好条件，弈秋在众多的小孩中挑选了两个，这两个小孩各有特点，都非常聪明。

一个孩子六岁，已经会计算棋盘的总交叉点数，听老师讲棋时注意力非常集中，秋老师给他取名叫弈实；另一个孩子八岁，对围棋的着法术语很熟练，什么飞呀、尖呀、打呀、立呀、并呀、跳呀、单关呀、枷呀，都知道形状是怎么样的，还知道秋老师总结的“金角银边草肚皮”的道理，并且他志向远大，决心要成为像秋老师一样的“大国手”，秋老师给他取名叫弈虚。这“虚”和“实”其实也是围棋中的术语，是下好围棋必须具备的两个方面。开始讲课时，实和虚都能够认真地听讲，掌握围棋的基本知识，学会下棋的基本着法。一段时间后，弈虚因为水平比弈实高，就觉得自己很了不起，小尾巴翘了起来，听讲的时候也不用心，心里想着会飞来天鹅，自己可以拿弓箭把它射下来。不久之后，弈实的水平就极大地超过了弈虚。

这个故事告诉我们干任何事情都要持之以恒、专心致志。就像弈实一样，对所要做的事情要保持绝对认真的态度。

# 第九章

## 【原　文】

所谓齐其家在修其身者，人之其所亲爱而辟焉[①]，之其所贱恶而辟焉，之其所畏敬而辟焉，之其所哀矜而辟焉[②]，之其所敖惰而辟焉[③]。故好而知其恶，恶而知其美者，天下鲜矣。故谚有之曰：“人莫知其子之恶，莫知其苗之硕[④]。”此谓身不修不可以齐其家。

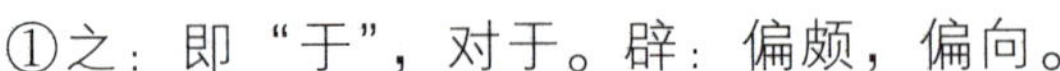

## 【注　释】

①之：即“于”，对于。辟：偏颇，偏向。

②哀矜：同情，怜悯。

③敖：通“傲”，骄傲。惰：怠慢。

④硕：大，肥壮。

## 【译 文】

之所以说管理好家庭和家族要先修养自身，是因为人们对于自己亲爱的人会有偏爱，对于自己厌恶的人会有偏恨，对于自己敬畏的人会有偏向，对于自己同情的人会有偏心，对于自己轻视的人会有偏见。因此，很少有人能喜爱某人又看到那人的缺点，厌恶某人又看到那人的优点。所以有谚语说："人都不知道自己孩子的坏，人都不满足自己庄稼的好。"这就是不修养自身就不能管理好家庭和家族的道理。

【小故事】

## 金无足赤，人无完人

在一次宴会上，唐太宗对王珐(fà)说："你善于鉴别人才，尤其善于评价。你不妨从房玄龄等人开始，都一一做些评价，评一下他们的优缺点，同时也和他们相互比较一下，你在哪些方面比他们优秀？"

王珐回答说："孜孜不倦地办公，一心为国操劳，凡所知道的事没有不尽心尽力去做的，在这方面我比不上房玄龄。常常留心于向皇上直言建议，认为皇上能力德行比不上尧舜，这方面我比不上魏征。文武全才，既可以在外带兵打仗做将军，又可以进入朝廷搞管理担任宰相，在这方面，我比不上李靖。向皇上报告国家公务，详细明了，宣布皇上的命令或者转达下属官员的汇报，能坚持做到公平公正，在这方面我不如温彦博。处理繁重的事务，解决难题，办事井井有条，这方面我也比不上戴胄(zhòu)。至于批评贪官污吏，表扬清正廉署，疾恶如仇，好善喜乐，这方面比起其他几位能人来说，我也有一技之长。"唐太宗非常赞同他的话，大臣们也认为王珐完全道出了他们的心声，都说这些评价是正确的。

从王珐的评价中可以看出唐太宗的团队中，每个人各有所长。正所谓金无足赤，人无完人，但更重要的是唐太宗能将这些人依其专长安排到最适当的职位上，使其能够发挥自己所长，进而让整个国家繁荣强盛。

# 第十章

## 【原　文】

所谓治国必先齐其家者，其家不可教而能教人者，无之。故君子不出家而成教于国。孝者，所以事君也；弟者[1]，所以事长也；慈者[2]，所以使众也。《康诰》曰：

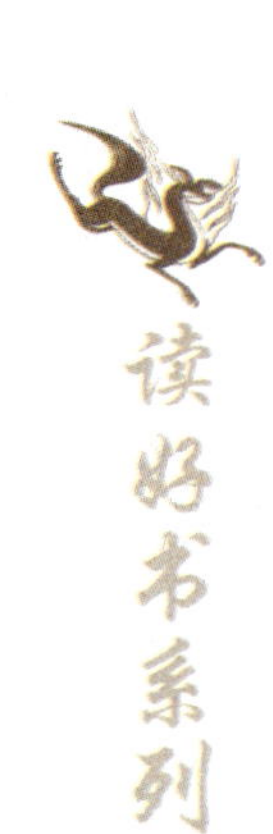

"如保赤子[3]。"心诚求之，虽不中[4]，不远矣。未有学养子而后嫁者也。一家仁，一国兴仁；一家让，一国兴让；一人贪戾，一国作乱。其机如此[5]。此谓一言偾（fèn）事[6]，一人定国。尧、舜[7]帅天下以仁[8]，而民从之；桀、纣帅天下以暴[9]，而民从之。其所令反其所好，而民不从。是故君子有诸己[10]而后求诸人；无诸己而后非诸人。所藏乎身不恕[11]，而能喻诸人者[12]，未之有也。故治国在齐其家。

## 【注　释】

①弟：同"悌（tì）"，指弟弟尊重兄长。

②慈：指父母爱子女。

③如保赤子：《尚书·周书·康诰》原文作"若保赤子。"这是周成王告诫康叔的话，意思是保护平民百姓如母亲养护婴孩一样。赤子，婴孩。

④中：达到目标。

⑤机：本指弩（nǔ）箭上的发动机关，引申指关键。

⑥偾：败，坏。

⑦尧、舜：传说中父系氏族社会后期部落联盟的两位领袖，即尧帝和舜帝，历来被认为是圣君的代表。

⑧帅：同"率"，率领，统帅。

⑨桀：夏代最后一位君主。纣：即商纣王，商代最后一位君主。二人历来被认为是暴君的代表。

⑩诸："之于"的合音。

⑪恕：即恕道。孔子说："己所不欲，勿施于人。"意思是说，自己不想做的，也不要让别人去做，这种推己及人、将心比己的品德就是儒学所倡导的恕道。

⑫喻：使别人明白。

## 【译　文】

之所以说治理国家必须先管理好自己的家庭和家族，是因为不能管教好家人而能管教好别人的人，是不存在的。所以，有修养的人在家里就受到了治理国家方面的教育。对父母的孝顺，可以用于侍奉君主；对兄长的恭敬，可以用于侍奉官长；对子女的慈爱，可以用于统治民众。《康诰》说："要如同爱护婴儿一样爱护臣民。"内心真诚地去追求，即使达不到目标，也不会相差太远。要知道，没有先学会了养孩子再去出嫁的人啊！一家仁爱，一国也会兴起仁爱；一家礼让，一国也会兴起礼让；一人贪婪暴戾，一国就会犯上作乱。其联系就是这样紧密。这就叫做：一句话就能败坏大事，一个人就能安定国家。尧、舜用仁爱统治天下，老百姓就跟随着仁爱；桀、纣用凶暴统治天下，老百姓就跟随着凶暴。统治者的命令与自己的实际做法相反，老百姓是不会服从的。所以，品德高尚的人，总是自己先做到，然后才要求别人做到；自己先不这样做，然后才要求别人不这样做。如果不采取这种推己及人的恕道而想让别人按自己的意思去做，那是不可能的。所以，要治理国家必须先管理好自己的家庭和家族。

【小故事】

## 庄暴见孟子

庄暴进见孟子，说：“我朝见大王，大王和我谈论他喜好音乐的事，我没有话应答。”庄暴接着问道：“喜好音乐这件事怎么样啊？”孟子说：“大王如果非常喜好音乐，那齐国恐怕就治理得很不错了！”

几天后，孟子在觐见齐宣王时问道：“大王曾经和庄暴谈论过爱好音乐，有这回事吗?”齐宣王脸色一变，不好意思地说：“我并不是喜好先王喜欢的那类清静典雅的音乐，只不过喜好当下世俗流行的音乐罢了。”孟子说：“大王如果非常喜好音乐，那齐国恐怕就治理很不错了！在这件事上，现在的俗乐与古代的雅乐差不多。”齐宣王说：“能让我知道这是什么道理吗?”孟子说：“独自一人娱乐，与和他人一起娱乐，哪个更快乐?”齐宣王说：“与他人一起娱乐更快乐。”孟子说：“和少数人一起娱乐，与和多数人一起娱乐，哪个更快乐?”齐宣王说：“与多数人一起娱乐更快乐。”

孟子说：“那就让我来为大王讲讲娱乐吧！假如大王在奏乐，百姓们听到大王鸣钟击鼓、吹箫奏笛的音声，都愁眉苦脸地相互诉苦说：‘我们大王喜好音乐，为什么要使我们这般穷困呢？父亲和儿子不能相见，兄弟和妻儿分离流散。’假如大王在围猎，百姓们听到大王车马的喧嚣，见到旗帜的华丽，都愁眉苦脸地相互诉苦说：‘我们大王喜好围猎，为什么要使我们这般穷困呢？父亲和儿子不能相见，兄弟和妻儿分离流散。’这没有别的原因，是不和民众一起娱乐的缘故。假如大王在奏乐，百姓们听到大王鸣钟击鼓、吹箫奏笛的音声，都眉开眼笑地相互告诉说：

‘我们大王大概没有疾病吧，要不怎么能奏乐呢？’假如大王在围猎，百姓们听到大王车马的喧嚣，见到旗帜的华丽，都眉开眼笑地相互告诉说：‘我们大王大概没有疾病吧，要不怎么能围猎呢？’这没有别的原因，是和民众一起娱乐的缘故。君王若能仁慈无私，所喜欢的音乐必然日渐和雅，如和风细雨润人心田。礼乐天然，出自心田，民之乐即王之乐，天下同此乐，王之有也即民之有，这就是真正天下大同、仁德治世的王道。倘若大王与百姓一起娱乐，共同分享内心的喜悦，那么就会受到天下人的拥戴！”

## 【原　文】

《诗》云：“桃之夭夭，其叶蓁（zhēn）蓁。之子于归，宜其家人①。”宜其家人，而后可以教国人。《诗》云：“宜兄宜弟②。”宜兄宜弟，而后可以教国人。《诗》云：“其仪不忒（tè），正是四国③。”其为父子兄弟足法，而后民法之也。此谓治国在齐其家。

## 【注　释】

①“桃之夭夭……”：引自《诗经·周南·桃夭》。夭夭，鲜嫩，美丽。蓁蓁，茂盛的样子。之子，这个（之）女子（子）于归，指女子出嫁。

②“宜兄宜弟”：引自《诗经·小雅·蓼萧》。

③“其仪不忒……”：引自《诗经·曹风·　鸠》。

## 【译　文】

《诗经》说：“桃花鲜美，树叶茂密，这个姑娘要出嫁，让全家人都和睦。”让全家人都和睦，然后才能让一国的人都和睦。《诗经》说：“兄弟和睦。”兄弟和睦了，然后才能让一国的人都和睦。《诗经》说：“他的容貌举止庄重严肃，成为四方国家的表率。”只有当一个人无论是作为父亲、儿子，还是兄长、弟弟，他的言行都值得人效法时，老百姓才会去效法他。这就是要治理国家必须先管理好家庭和家族的道理。

【小故事】

## 帝尧治国

帝尧，姓尹祁，名放勋。他仁德如天，智慧如神。接近他，就像接近太阳一样温暖人心；仰望他，他就像云彩一般覆润大地。他富有却不骄傲，尊贵却不放纵。他戴的是黄色的帽子，穿的是黑色衣裳，乘着朱红色的车子驾着

白马。他尊敬有善德的人，使同族九代相亲相爱；同族的人既已和睦，又去考察百官；百官政绩昭著，各方诸侯邦国都能和睦相处。帝尧命令羲氏、和氏，遵循上天的意旨，根据日月的出没、星辰的位次，制定历法，严谨地教给民众从事生产的节令。另外命令羲仲，住在郁夷那里名叫旸(yáng)谷的地方，恭敬地迎接日出，分步骤安排春季的耕作。春分日，白昼与黑夜一样长，朱雀七宿中的星宿初昏时出现在正南方，人们据此来确定仲春之时。这时候，民众分散劳作，鸟兽交尾生育。又命令羲叔，住在南方，分步骤安排夏季的农活，让他谨慎地干好。夏至日，白昼最

长，苍龙七宿中的心宿（又称大火）初昏时出现在正南方，人们据此来确定仲夏之时。这时候，民众就居于高处，鸟兽羽毛稀疏。帝尧又命令和仲，居住在西土名叫昧谷的地方，恭敬地送太阳落下，有步骤地安排秋天的收获。秋分日，黑夜与白昼一样长，玄武七宿中的虚宿初昏时出现在正南方，据此来确定仲秋之时。这时候，民众移居平地，鸟兽再生新毛。又命令和叔，住在北方，那地方叫做幽都，认真安排好冬季的收藏。冬至日，白昼最短，白虎七宿中的昴（mǎo）宿初昏时出现在正南方，人们据此来确定

仲冬之时。这时候，民众进屋取暖，鸟兽长满细毛。一年有三百六十六天，帝光用置闰月的办法来校正春夏秋冬四季。帝尧真诚地告诫百官各守其职，各种事情都办起来了。

尧帝开创了帝王禅让制的先河，在位七十年，他认为儿子丹朱不成器，决定从民间选用贤良之才。尧问四方诸侯首领："谁能担负起天子的重任?"四方诸侯首领说："有个壮士，叫舜或能担此重任。"于是，尧微服私访，来到历山一带，听说舜在田间耕地，便到了田间。看见一个青年，身材魁伟、体阔神敏，聚精会神地耕地，犁前驾着一头黑牛、一头黄牛。奇怪的是，这个青年从不用鞭打牛，而是在犁辕上挂一个簸箕，隔一会儿，敲一下簸箕，吆喝一声。尧等舜犁到地头，便问："耕夫都用鞭打牛，你为何只敲簸箕不打牛?"舜见有老人问，拱手作揖答道："牛为人耕田出力流汗很辛苦，再用鞭打，于心何忍！我打簸箕，黑牛以为我打黄牛，黄牛以为我打黑牛，就都卖力拉犁了。"尧一听，觉得这个青年有智慧，又有善心，对牛尚如此，对百姓会更有爱心。尧与舜在田间扯起话题，谈了一些治理天下的问题，舜的谈论明事理，晓大义，非一般凡人之见。尧又走访了方圆百里，都夸舜是一个贤良之才。尧便决定试一试舜。尧把两个女儿娥皇、女英嫁给舜，让两个女儿观其德；把九个男儿安排在舜周围，让九个男儿观其行；把舜放进深山之中，虎豹毒蛇都被他驯服，舜头脑清醒，方向明确，在深山之中不迷失，很快就走了出来。尧先让舜在朝中作虞官，试舜三年后，让舜在文庙拜了先祖，让其代行天子之政。

# 第十一章

## 【原　文】

所谓平天下在治其国者，上老老而民兴孝[1]；上长长而民兴弟[2]；上恤孤而民不倍[3]。是以君子有絜(xié)矩之道也[4]。所恶于上，毋以使下；所恶于下，毋以事上；所恶于前，毋以先后；所恶于后，毋以从前；所恶于右，毋以

交于左；所恶于左，毋以交于右。此之谓絜矩之道。

## 【注　释】

①老老：尊敬老人。前一个“老”字作动词，意思是把老人当作老人看待。

②长长：尊重长辈。前一个“长”字作动词，意思是把长辈当作长辈看待。弟：同“悌”。

③恤：体恤，周济。孤，孤儿，古时候专指幼年丧失父亲的人。倍：通“背”，背弃。

④ 矩之道：儒家伦理思想之一，指一言一行要有示范作用。絜，量度。矩，画直角或方形用的尺子，引申为法度、规则。

## 【译　文】

之所以说平定天下要治理好自己的国家，是因为，在上位的人尊敬老人，老百姓就会孝顺自己的父母；在上位的人尊重长辈，老百姓就会尊重自己的兄长；在上位的人体恤救济孤儿，老百姓也会同样跟着去做。所以，品德高尚的人总是实行以身作则，推己及人的“絜矩之道”。如果厌恶上司对你的某种行为，就不要用这种行为对待你的

下属；如果厌恶下属对你的某种行为，就不要用这种行为对待你的上司；如果厌恶在你前面的人对你的某种行为，就不要用这种行为对待在你后面的人；如果厌恶在你后面的人对你的某种行为，就不要用这种行为对待在你前面的人；如果厌恶在你右边的人对你的某种行为，就不要用这种行为对待在你左边的人；如果厌恶在你左边的人对你的某种行为，就不要用这种行为对待在你右边的人。这就叫做“絜矩之道”。

【小故事】

## 汉文帝崇尚仁爱

作为一国之君要如何治理国家，是历代君王都非常重视的问题。汉文帝刘恒，是中国历史上以仁爱治天下的典型。

汉文帝是汉朝的第四个皇帝，汉高祖刘邦之子、汉惠帝刘盈之弟，高祖初立其为代王，建都晋阳。汉惠帝死后，吕后立非正统的少帝，杀戮(lù)刘邦之子，刘邦八子，只

剩下刘恒、刘长二人。刘恒韬光养晦，忍辱负重，受尽欺凌才幸免一死。吕后死后，吕产、吕禄企图发动政变夺取帝位。公元前180年，老臣周勃、陈平诛灭诸吕，拥立代王刘恒登上皇帝宝座，是为汉文帝。汉文帝在位23年，关心平民，轻徭薄赋，励精图治，惩治贪腐，打击豪强，人民安居，国力发展，击退匈奴，成为万世称颂的亲民皇帝。

汉文帝在位年间，是汉朝走向繁荣昌盛的过渡时期。他继续执行与民休息和轻徭薄赋的政策。他两次把田赋减为三十税一，甚至12年免收全国田赋，大大减轻了农民

的负担。他还亲自耕作，做天下之表率，对当时农业生产的迅速恢复与发展，起了积极的推动作用。当时各诸侯王掌握着封国内的政治、经济大权，对国家的统一和中央政权的巩固造成了严重威胁。汉文帝先后粉碎了刘兴居和刘长的谋反，又接受贾谊提出的削弱诸侯势力的建议，来维护国家的统一。他还妥善处理好汉朝同南越和匈奴的关系，对南越王赵佗(tuó)实行安抚政策，对匈奴继续实行和亲政策的同时，也加强了边防的力量。

汉文帝还提倡节俭。他对自己和家属要求得都很严格。在他即位的 23 年里，宫室园囿(yòu)、狗马服御都没有什么增加，一切以利民为原则。他曾想在骊(lí)山上建一个赏景的露台，找工匠预算了一下，用费需要一百金，汉文帝说："一百金是十户中等人家的家产，我住了先帝的宫室，都常常惶恐羞愧，哪敢花这么大的价钱建这个露台呢！"他自己还常常穿黑色的粗布衣，为节省衣料，他还要求妃子们尽量穿短裙，不能使裙装曼长曳(yè)地。帏帐不得有文绣，以示敦朴。汉文帝还反对厚葬，其陵墓修在长安附近灞(bà)水的旁边，称作灞陵。修筑时顺着山陵形势挖掘洞穴，不再加高，陪葬品全用陶器，不准用金银等贵重金属。他

还主张死后把夫人以下的宫女遣送回家，让她们改嫁。

此外，汉文帝还废除了断肢、割鼻、刻肌肤等肉刑，减轻了笞(chī)刑，并要求官吏断案从轻，使全国刑狱大减。

经过这一番治理，汉朝的生产得到极大的发展，府库充盈，政通人和，百姓乐业，汉朝的政权得到了巩固。因此有史学家评价绵延四百年的汉朝时，有“功莫大于高祖，德莫厚于汉文”之说。

## 【原　文】

《诗》云："乐只君子，民之父母[①]。"民之所好好之，民之所恶恶之，此之谓民之父母。《诗》云："节彼南山，维石岩岩。赫赫师尹，民具尔瞻[②]。"有国者不可以不慎。辟则为天下僇(lù)矣[③]。《诗》云："殷之未丧师，克配上帝。仪监于殷，峻命不易[④]。"道得众则得国，失众则失国。

## 【注　释】



①乐只君子，民之父母：引自《诗经·小雅·南山有台》。乐，

快乐，喜悦。只，语助词。

②“节彼南山……”：引自《诗经·小雅·节南山》。节，高大。岩岩，险峻的样子。师尹，太师尹氏，太师是周代的三公之一。尔，你。瞻，瞻仰，仰望。

③僇：通“戮”，杀戮。

④“殷之未丧师……”：引自《诗经·大雅·文王》。师，民众。配，符合。仪，宜。监，鉴戒。峻，大。不易，指不容易保有。

## 【译　文】

《诗经》说：“使人心悦诚服的国君啊，是老百姓的父母。”老百姓喜欢的他也喜欢，老百姓厌恶的他也厌恶，这样的国君就可以说是老百姓的父母了。《诗经》说：“巍峨的南山啊，岩石耸立。显赫的尹太师啊，百姓都仰望你。”统治国家的人不可不谨慎。稍有偏颇，就会被天下人推翻。《诗经》说：“商朝没有丧失民心的时候，还是能够与上天的要求相符的。请用商朝做个借鉴吧，守住天命并不是一件容易的事。”这就是说，得到民心就能得到国家，失去民心就会失去国家。

【小故事】

## 饶人是福

公元前605年楚庄王平息了叛乱，非常高兴，在宫内举行盛大的庆功会。席间，歌舞妙曼，美酒佳肴，烛光摇曳。楚王还命令两位他最宠爱的美人许姬和麦姬轮流向各位敬酒。忽然一阵狂风刮来，吹灭了屋内所有的蜡烛，变得漆黑一片，席上一位官员乘机揩油，摸了许姬的玉手。

许姬一甩手，扯断了他的帽带，匆匆回到座位上，并在楚王耳边悄声说："刚才有人乘机调戏我，我扯断了他的帽带，你赶快叫人点起蜡烛来，看谁没有帽带，就知道是谁了。"楚王听了，连忙命令手下先不要点燃蜡烛，大声向各位臣子说："我今天晚上，一定要与各位一醉方休，来，大家都把帽子脱了痛快饮一场。"众人都没有戴帽子，也就看不出是谁的帽带断了。

后来楚王攻打郑国，有一健将独自率领几百人，为三军开路路，过关斩将，直通郑国的首都，战争结束论功行赏的时候，这个人诚恳地对楚王说他就是当年对许姬揩油的那一位。当时是喝酒过量了才做出不轨的行为来，本应该受到惩罚的，可楚王却故意赦免了他，为此他心怀愧疚，发誓一定要尽心尽力地为楚国效力，哪怕牺牲性命也在所不惜。

## 【原 文】

是故君子先慎乎德，有德此有人[①]，有人此有土，有土此有财，有财此有用。德者，本也；财者，末也。外本内末，争民施夺[②]。是故财聚则民散，财散则民聚。是故言悖而出者[③]，亦悖而入；货悖而入者，亦悖而出。

## 【注　释】

①此：乃，才。

②争民施夺：争民，与民争利。施夺，施行劫夺。

③悖：逆。

## 【译　文】

所以，品德高尚的人首先注重修养德行。有德行才会有人拥护，有人拥护才能保有土地，有土地才会有财富，有财富才能供己享用，德是根本，财是枝末。假如把根本当成了外在的东西，却把枝末当成了内在的根本，那就会和老百姓争夺利益。所以，君王把财富聚在自己手中，民心就会失散；君王散财于民，民心就会聚在一起。正如你说话不讲道理，人家也会用不讲道理的话来回答你；你的财物来路不明不白，总有一天也会不明不白地失去。

【小故事】

# 冯谖（xuān）客孟尝君

齐国有位名叫冯谖的人，生活贫困，养活不了自己，他让人转告孟尝君，说愿意到孟尝君门下作食客。孟尝君问："冯谖有何爱好?"传话的人回答说："没有什么爱好。"又问："他有何才干?"传话的人又回答说："没什么才能。"孟尝君笑了笑，说道："好吧。"然后就收留了冯谖。

那些手下的人因为孟尝君看不起冯谖，所以只给他粗茶淡饭吃。过了没多久，冯谖靠着柱子，用手指弹着他的佩剑唱道："长铗（jiá）啊，咱们还是回去吧，这儿没有鱼吃啊!"手下的人把这事告诉了孟尝君。孟尝君说："就按照一般食客那样给他吃吧。"又过了没多久，冯谖又靠着柱子，弹着剑唱道："长铗啊，咱们还是回去吧，这儿出门连车也没有!"左右的人都笑他，又把这话告诉了孟尝君。孟尝君说："按照别的门客那样给他备车吧。"于是冯谖坐着车子，举起宝剑去拜访他的朋友，并且说道："孟尝君

把我当客人一样哩！”后来又过了段时间，冯谖又弹着他的剑唱道：“长铗啊，咱们还是回去吧，在这儿无法养家。”左右的人都很讨厌他，认为这人贪心不足。孟尝君知道后就问：“冯先生有亲属吗？”冯谖回答说：“有位老母。”孟尝君就派人供给冯谖母亲的吃用，让她在生活上有所短缺。这之后，冯谖就不再唱了。

后来，孟尝君拿出记事的本子来询问他的门客：“谁熟习会计的事？”冯谖在本上署了自己的名，并签上一个“能”字。孟尝君见了名字感到很惊讶，问：“这是谁呀？”左右的人说：“就是唱那‘长铗归来’的人。”孟尝君笑道：“这位客人果真有才能，是我亏待了他，我们还没见过面呢！”他立即派人请冯谖来相见，当面赔礼道：“我被琐事搞得精疲力竭，被忧虑搅得心烦意乱；加之我懦弱无能，整天埋在国家大事之中，以致怠慢了您，而您却并不见怪，倒愿意往薛地去为我收债，是吗？”冯谖回答道：“愿意去。”于是套好车马，整治行装，载上契约票据动身了。辞行的时候冯谖问：“债收完之后，买什么回来？”孟尝君说：“您就看我家里缺什么吧。”

冯谖赶着车，马不停蹄，直奔齐都，第二天清晨就返回求见孟尝君。冯谖回得如此迅速，孟尝君感到很奇怪，立即穿好衣、戴好帽，去见他，问道：“债都收完了吗？

怎么回得这么快？”冯谖说：“都收了。”

“买什么回来了？”孟尝君问。冯谖回答道：“您曾说‘看我家缺什么’，我私下考虑您宫中积满珍珠宝贝，外面马房多的是猎狗、骏马，后宅多的是美女，您家里所缺的只不过是‘仁义’罢了，所以我用债款为您买了‘仁义’。”孟尝君道：“买仁义是怎么回事？”冯谖道：“现在您不过有块小小的薛地，如果不抚爱百姓、视民如子，而用商贾之道向人民图利，这怎么行呢？因此我擅自假造您的命令，把债款赏赐给百姓，顺便烧掉了契据，以致百姓欢呼‘万岁’，这就是我为您买仁义的方式啊。”孟尝君听后很不快地说：“嗯，先生，算了吧。”

过了一年，齐湣(mǐn)王对孟尝君说：“我可不敢把先王的臣子当作我的臣子。”孟尝君只好到他的领地薛地去。还差百里便见到薛地的百姓扶老携幼，都在路旁迎接孟尝君到来。孟尝君见此情景，回头看着冯谖道：“您为我买的‘义’，今天终于见到作用了。”

冯谖说：“狡猾机灵的兔子有三个洞才能免遭死患，现在您只有一个洞，还不能高枕无忧，请让我再去为您挖两个洞吧。”孟尝君应允了，给了他五十辆车子，五百斤黄金。冯谖往西到了魏国，他对魏惠王说：“现在齐国把他的大臣孟尝君放逐到国外去，哪位诸侯先迎住他，就可使自己的国家富庶强盛。”于是魏惠王把相位空出来，把

原来的相国调为上将军，并派使者带着千斤黄金，百辆车子去聘请孟尝君。冯谖先赶车回去，告诫孟尝君说："黄金千斤，这是很重的聘礼了；百辆车子，这算显贵的使臣了。齐国君臣大概已听说这事了吧。"魏国的使臣往返了三次，孟尝君坚决推辞不去魏国。

齐湣王果然听到这一消息，十分惊恐。于是齐湣王连忙派太傅拿着千斤黄金，驾着两辆四匹马拉的绘有图案的车子，带上一把佩剑，并向孟尝君致书谢罪说："由于我的不好，遭到祖宗降下的灾祸，又被身边阿谀(ē yú)逢迎的臣子所迷惑，得罪了您。我是不值得您帮助的，但希望您顾念齐国先王的宗庙，暂且回国都来治理国事吧。"冯谖又提醒孟尝君道："希望你向齐王请求先王传下来的祭器，在薛地建立宗庙。"齐王果然照办。宗庙建成后，冯谖回来报告孟尝君："现在三个洞已经营造好，您可以高枕无忧了。"

孟尝君在齐当了几十年相国，没有遭受丝毫祸患，这都是冯谖计谋的结果啊！

## 【原　文】

《康诰》曰："惟命不于常。"道善则得之，不善则失之矣。《楚书》曰："楚国无以为宝，惟善以为宝①。"舅犯曰："亡人无以为宝，仁亲以为宝②。"

## 【注　释】

①"《楚书》"句：《楚书》，楚昭王时史书。楚昭王派王孙圉（yǔ）出使晋国。晋国赵简子问楚国的珍宝美玉现在怎么样了。王孙圉答道：

楚国从来没有把美玉当作珍宝，只是把善如观射父这样的大臣看作珍宝。事见《国语·楚语》。汉代刘向的《新序》中也有类似的记载。

② “舅犯”句：舅犯，晋文公重耳的舅舅狐偃（yǎn），字子犯。亡人，流亡的人，指重耳。公元前656年年十二月，晋献公因骊（lí）姬的谗言，逼迫太子申生自缢而死。重耳避难逃亡在外。在狄国时，晋献公逝世。秦穆公派人劝重耳归国掌政。重耳将此事告子犯，子犯以为不可，对重耳说了这几句话。

## 【译 文】

《康诰》说：“天命是不会始终如一的。”这就是说，行善便会得到天命，不行善便会失去天命。《楚书》说：“楚国没有什么是宝，只是把善当作宝。”舅犯说：“流亡在外的人没有什么是宝，只是把仁爱当作宝。”

【小故事】

## 不弃盲妻

刘廷式是北宋齐州人氏，年轻时与一位邻家女子订下婚约，后来他进入太学，经过五年的苦读终于考取了进士。心情雀跃的他迫不及待地回到家乡准备成亲，谁知等他回到家乡时，早已物事人非，邻家老翁已经过世，家道突然中落，邻家女子伤心悲痛以致双目失明。刘廷式了解了这个情形，却并不因此违背婚约，依然选择吉日良辰要举行婚礼。

邻女却推辞说："我如今双目失明，形同废人，门不当户不对，怎能嫁你为妻呢？"

刘廷式回答说："既然我早与令尊有约，岂可因为尊上已死、孝女哭瞎了双眼而违约呢？这可是一生的承诺啊！"

刘廷式有情有义的一番话，让所有在场的人皆为之动容，两人终成眷(juàn)属，婚姻生活和谐幸福，并且生了两个儿子。一直到刘廷式到密州城任官时，夫人因病逝世，他哭

得很伤心。

当时任太守的苏轼安慰刘廷式说："我听说悲哀是由爱念产生的，爱念又是由于美色所引起的。你娶了盲女，爱从何而生呢？"

刘廷式回答："我只知道死去的是妻子，所哭的也是妻子而已，她是否目盲并不重要啊！如果真是因为美色而产生爱念，因为爱情而产生悲哀，当美色衰退而爱念断绝时，哪里还有所谓的情与义呢？难道在街市上倚门卖笑、骚首弄姿的风尘女子，都可以娶回家做妻子吗？"苏轼听了，十分感叹佩服。后来盲女所生的两个儿子，参加科举考试也都登第。俗话说：一登龙门，则身价十倍。在科举

时代，读书人一旦登科及第，便算登上了龙门，高官厚禄，娇妻美妾，统统都会送上门来。刘廷式登科以后，却不弃糟糠，毫不嫌弃贫病交困的邻家姑娘，信守前约，与其成婚，这种行为是值得肯定的。邻女不慕荣华富贵，安于贫病自守，心地也是纯洁的。

读好书系列

## 【原　文】

《秦誓》曰[①]："若有一介臣，断断兮，无他技[②]，其心休休焉[③]，其如有容焉[④]。人之有技，若己有之。人之彦圣[⑤]，其心好之，不啻(chì)若自其口出[⑥]，实能容之。以能保我子孙黎民，尚亦有利哉！人之有技，媢(mào)疾以恶之[⑦]；人之彦圣，而违之俾(bǐ)不通[⑧]，实不能容。以不能保我子孙黎民，亦曰殆哉！"唯仁人放流之[⑨]，迸诸四夷[⑩]，不与同中国[⑪]。此谓惟仁人为能爱人，能恶人。见贤而不能举，举而不能先，命也[⑫]。见不善而不能退，退而不能远，过也。好人之所恶，恶人之所好，是谓拂人之性[⑬]，灾必逮夫身[⑭]。是故君子有大道：必忠信以得之，骄泰以失之[⑮]。

## 【注　释】

①《秦誓》：《尚书·周书》中的一篇。

②断断：真诚的样子。

③休休：宽宏大量。

④有容：能够容人。

⑤彦圣：指德才兼备。彦，美。圣，明。

⑥不啻：不止。

⑦娼疾：妒嫉。

⑧违：阻碍。俾：使。

⑨放流：流放。

⑩迸：即“屏”，驱逐。四夷，四方之夷。夷指古代东方的部族。

⑪中国：全国中心地区。与现代意义的“中国”一词意义不一样。

⑫命：东汉郑玄认为应该是“慢”字之误。慢，即轻慢。

⑬拂：逆，违背。

⑭逮：及、到。夫：助词。

⑮骄泰：骄横放纵。

## 【译　文】

《秦誓》说："如果有这样一位大臣，忠诚老实，虽然没有什么特别的本领，但他心胸宽广，有容人的肚量。别人有本领，就如同他自己有一样；别人德才兼备，他心悦诚服，不只是在口头上表示，而是打心眼里赞赏。用这种人，是可以保护我的子孙和百姓的，是可以为他们造福的啊！相反，如果别人有本领，他就妒嫉、厌恶；别人德才兼备，他便想方设法压制、排挤，无论如何容忍不得。用这种人，不仅不能保护我的子孙和百姓，而且可以说是危险得很！"因此，有仁德的人会把这种容不得人的人流放，把他们驱逐到边远的四夷之地去，不让他们同住在国中。这说明，有德的人爱憎分明。发现贤才而不选拔，选拔了而不重用，这是轻慢。发现恶人而不罢免，罢免了而不把他驱逐得远远的，这是过错。喜欢众人所厌恶的，厌恶众人所喜欢的，这是违背人的本性的，灾难必定要落到这样的人的身上。所以，做国君有正确的途径：忠诚信义，便会获得一切；骄奢放纵，便会失去一切。

【小故事】

## 踊贵屦贱

公元前548年，齐景公在位，那时的刑法相当残酷，动辄就把人的双脚砍掉，这种刑法在那个时候叫“刖足”，它是专门为惩罚那些忤逆、欺君的人设的刑罚。

当时，社会上出现了一种职业，专门做假脚出售，古代称之为卖踊（踊，是供受刖刑的人穿的鞋子。）

有一天，齐景公召见了宰相晏子，想叫他换一换住所，对他说："先生是我国的宰相，位极人臣，是当朝文武的楷模，可是您住的地方靠近市场，又狭小，又嘈杂，尘土飞扬，不如寡人再赐你一所既清静又大的住所吧？"晏子拜谢说："正因为臣是当朝宰相、文武百官的楷模，更应该以身作则，其他官员才能效仿。再者，这里是臣的父亲住过的地方，臣父原来也是宰相，臣的功德远不及先父，这间住宅对臣来说已经够奢华的了。再说，家近市场，早晚买东西方便，是很有利的。"

齐景公笑着说："既然先生住在市场旁边，想必应该

知道市场的行情吧，你可知道最近物价的贵贱吗？”

“当然知道。”晏子回答。

“那么什么东西卖得贵，什么东西卖得便宜呢？”

“贵贱嘛，”晏子答道，“假脚供不应求，天天涨价，鞋子卖不出去，天天跌价。”

齐景公听罢，知道了晏子的言外之意，脸色顿时变得很难看，但他很快认识到了弊端，于是下令撤消了这种刑罚。

后来，齐国就不再滥用砍脚这种酷刑了。其他的酷刑也在很大程度上有所改观。齐国也因此发展很快，不久就位于强国之列。

## 【原　文】

生财有大道：生之者众，食之者寡，为之者疾，用之者舒，则财恒足矣。仁者以财发身[1]，不仁者以身发财。未有上好仁而下不好义者也，未有好义其事不终者也，未有府库财非其财者也[2]。孟献子曰[3]："畜马乘[4]，不察于鸡豚[5]；伐冰之家[6]，不畜牛羊；百乘之家[7]，不畜聚敛之臣[8]。与其有聚敛之臣，宁有盗臣。"此谓国不以利为利，以义为利也。长国家而务财用者[9]，必自小人矣。彼为善之，小人之使为国家，灾害并至。虽有善者，亦无如之何矣[10]。此谓国不以利为利，以义为利也。

## 【注　释】

①发身：修身。发，发达，发起，

②府库：国家收藏财物的地方。

③孟献子：鲁国大夫，姓仲孙，名蔑。

④畜：养。乘：指用四匹马拉的车。畜马乘，是士人初作大夫时的待遇。

⑤察：关注。

⑥伐冰之家：指办丧事时能用冰保存遗体的人家，是卿大夫类大官的待遇。

⑦百乘之家：拥有一百辆车的人家，指有封地的诸侯王。

⑧聚敛之臣：搜刮钱财的家臣。聚，聚集。敛，征收。

⑨长国家：成为国家之长，指君王。

⑩无如之何：没有办法。

## 【译　文】

生产财富也有正确的途径：生产的人多，消费的人少；生产的人勤奋，消费的人节省。这样，财富便会一直充足。仁爱的人仗义疏财以修养自身的德行，不仁的人不惜以生命为代价去敛钱发财。没有在上位的人喜爱仁德而在下位的人却不喜爱忠义的，没有喜爱忠义而做事却半途而废的，没有国库里的财物不是属于国君的。孟献子说："养了四匹马拉车的士大夫之家，就不需再去养鸡养猪；办丧事用冰的卿大夫家，就不会再去养牛养羊；拥有一百辆车的诸侯之家，就不要召集会搜刮民财的家臣。与其有搜刮民财的家臣，不如有会偷盗东西的家臣。"这意思是说，一个国家不应该以财物为利益，而应该以仁义为利益。做了国君却还一心想着聚敛财物，这必然是有小人在诱导。而那国君还以为这些小人是好人，让他们去处理国家大事，结果是天灾人祸一齐降临。这时虽有贤能的人，却也没有办法挽救了。所以，一个国家不应该以财物为利益，而应该以仁义为利益。

【小故事】

## 鞠躬尽瘁，死而后已

诸葛亮，字孔明，人称卧龙，汉末徐州琅琊(láng yá)郡阳都县（今山东肖沂(yí)南县）人，父诸葛珪(guī)曾为泰山郡丞，叔父诸葛玄为当时的名士。

诸葛亮早年不得志，不为志向所屈，故结庐于襄阳城

西隆中山中隐居待时。公元207年，求贤若渴的刘备三顾茅庐，请计于诸葛亮，诸葛亮精辟地分析了天下形势，提出了统一天下应走鼎足三分、联吴抗曹的道路，也称“隆中对策”。这是诸葛亮为刘备提出的一条正确的政治路线和军事路线，也是诸葛亮一生的行动纲领。自此，刘备的事业才出现了转机。

公元208年，曹操率三十万大军南下荆州，诸葛亮凭借他的足智多谋出使东吴，说服东吴抗击曹操，取得赤壁之战的胜利，为刘备取得立足之地。刘备称帝后，诸葛亮任丞相。公元223年，蜀后主刘禅继位，诸葛亮被封为武乡侯，领益州牧。他励精图治，赏罚严明，推行屯田政策，并改善西南各族与蜀汉的关系，促进当地经济、文化的发展。他曾六次北伐中原。公元234年，诸葛亮因积劳成疾，病逝于五丈原，葬于定军山（今陕西省勉县东南）。

诸葛亮的一生共两个二十七年。公元207年以前的二十七年，是他修身养性立志用世的准备阶段。他学有所成后没有北走曹操，也没有南归孙权，而是辅佐了“名微众寡”的刘备，这固然有客观原因，但也并非出于偶然。他选择兴复汉室的道路，说明他是一个维护封建纲常、崇尚儒家忠义道德的正统思想家。公元207年到234年的二十七年，是诸葛亮尽忠蜀汉的阶段，先主、后主都非常信任

他。他尊王而不攘夷，进兵南中，安抚夷越，在三国中执行了最好的民族政策。他明法、正身、和吴、治军，以“鞠躬尽瘁，死而后已”的无私奉献精神战斗到生命的最后一息。

【小故事】

## yáng<br>隋炀帝游江都

隋炀帝杨广，是历史上有名的骄奢淫逸的皇帝。在他统治期间，百役繁兴，民脂榨尽。为建筑东都洛阳，每月役使两自万人，半数以上死在工地。他在洛阳的西郊建造了一个大花园，周围一百公里用木柱装饰，从江南采得大

木柱，运往东都，每根大柱需两千人往返递送，沿途络绎不绝。据记载，西苑“堂殿楼观，穷极华丽”，不知搜刮和浪费了人民多少财富！

在建造东都的同一年，隋炀帝就下令征发河南、淮北各地百姓一百多万人，从洛阳西苑到淮水南岸的山阳（今江苏淮安），开通一条运河，叫“通济渠”；又征发淮南百姓十多万人，从山阳到江都（今江苏扬州），把春秋时期吴王夫差开的一条“邗沟”疏通。这样，从洛阳到江南的水路交通就便利得多了。

之后五年里，隋炀帝又两次征发民工，开通了一条贯

通南北、全长四千里的大运河。这条大运河是我国历史上最伟大的工程之一。它对我国经济、文化的发展和祖国的统一，都起着一定积极的作用。

隋炀帝特别喜欢外出巡游，一来是游玩享乐，二来也是向百姓摆威风。

从东都到江都的运河刚刚完工，隋炀帝就带着二十万人的庞大队伍到江都去巡游。

隋炀帝早就派官员造好上万条大船。出发那天，隋炀帝和萧后分乘两条四层高的大龙船，船上有宫殿和上百间宫室，装饰得金碧辉煌；后面接着的是宫妃、王公贵族、文武官员坐的几千条彩船；再后面的几千条大船，装载着卫兵和他们携带的武器和帐幕。这上万条大船在运河上排开，船头船尾连接起来，竟有二百里长。

这样庞大的船队，要怎么行驶呢？那些专为皇帝享乐做打算的人早就安排好了。运河两岸，修筑好了柳树成荫的御道，八万多名民工，被征发来给他们拉纤（xiān），还有两队骑兵夹岸护送。河上行驶着光彩耀目的船只，陆地上飘扬着五色缤纷的彩旗。一到晚上，灯火通明，鼓乐喧天，真是说不尽的豪华景象。

为了满足船队大批人员的享受，隋炀帝命令两岸的百姓给他们准备吃的喝的，叫做"献食"。那些州县官员，逼

着百姓办酒席送去，有的州县送的酒席多到上百桌。别说隋炀帝吃不完那么多，就连他带的宫妃太监、王公大臣一起吃，也吃不完。留下的许多剩菜，就在岸边掘个坑埋掉，而那些被迫献食的百姓，却因此而倾家荡产。

江都在当时是个繁华的地方。隋炀帝到了江都，除了尽情游玩享乐，还大摆威风，为了装饰一个出巡时候用的仪仗，就花了十多万人工，耗费的钱财更是上亿。这样整整闹腾了半年，又耀武扬威地回到东都来。

此后，隋炀帝几乎每年出巡。有一次，他从陆路到北方去巡视，征发了河北十几个郡的民工，开凿太行山，铺一条巡行的道路。为了保护他巡行的安全，又征发了一百多万人修筑长城，限期二十天筑成。然后，他在五十万将士的护卫下，在北方边境上巡行了一圈。因为北方没有现成的宫殿，隋炀帝身边有个建筑师宇文恺(kǎi)，就专门为他造了一个活动宫殿，叫做“观风行殿”。这种行殿上面可以容纳侍卫几百人，使用的时候装起来，不用的时候可以拆卸装运；下面装着轮子，可以随意转动。这在当时可算是一种发明，可惜只是供隋炀帝一个人享乐罢了。

隋炀帝如此暴虐的统治，终于在公元 611 年激起了农民大起义。